도토리 한 알의 꿈

교단에서

도토리 한 알의 꿈
실천총서 056

초판 1쇄 인쇄 | 2024년 8월 22일
초판 1쇄 발행 | 2024년 8월 28일

지 은 이 | 최숙향
발 행 인 | 이어산
기 획 · 제 작 | 이어산
발 행 처 | 도서출판 실천
등 록 번 호 | 서울 종로 바00196호 　　등 록 일 자 | 2018년 7월 13일
　　　　　　 | 진주 제2021-000009호 　　　　　　　　　 | 2021년 3월 19일
서울사무실 | 서울특별시 종로구 율곡로 6길 36
　　　　　　 02)766-4580, 010-6687-4580
본사사무실 | 경남 진주시 동부로 169번길 12. 윙스타워지식산업센터 A동 705호
　　　　　　 055)763-2245, 010-3945-2245 팩스 055)762-0124
편 집 · 인 쇄 | 도서출판 실천
디자인실장 | 이예운　　디자인팀 | 변선희, 김승현, 김현정

ISBN 979-11-92374-56-7
값 12,000원

* 이 책은 전부 또는 일부 내용을 재사용하려면 저작권자와 '도서출판 실천'의 동의를 받아야 합니다.
* 이 책의 국립중앙도서관 출판예정도서목록(CIP)은 서지정보유통지원시스템(http://seoji.nl.go.kr)과 국가자료종합목록시스템(http://www.nl.go.kr/kolisnet)에서 이용하실 수 있습니다.
* 잘못된 책은 교환해드립니다.

최숙향 (필명: 시윤)

2001. 계간 『제3의 문학』 시부문 등단
경남문인협회, 진주문인협회, 진주예술인총연합회 회원
『겨울나무』(2011), 『봄의 노래』(2015)
경남의 노래 '섬진강으로 오라' 작사
진주시 창작 가곡 '진양호 노래', '진양호 노을빛' 작사
하동디지털향토문화대전 집필
진주교육대학교, 경상대학교 교육대학원 교육심리학과,
진주교육대학교 교육대학원 한국어교육과 졸업
경상남도거창교육지원청 장학사

사진 최 영

한국사진작가협회 정회원
대구 광림산업사 대표

저자의 말

『도토리 한 알의 꿈』 칼럼집을 내며

　일간지 경남일보 '교단에서'란의 칼럼 연재를 갈무리하고, 2011년 『겨울나무』와 2015년 『봄의 노래』에 이어 또 한 권의 칼럼집을 묶어낸다. 본 칼럼집은 20여 년의 연재 칼럼 중 2011년 이후의 원고 일부를 발췌하여 실은 것이다. 출판의 홍수시대와 종이책 독자가 적은 시대에 망설임 속 굳이 책을 묶어내는 것은 오랜 세월 교단의 역사가 담긴 교단 이야기를 들려주기 위해서이다. 어려운 사회적 환경 속에서도 교육현장에서 사명감을 불태우고 있는 교원들, 그 쓸쓸하고도 아름다운 이 땅의 교원들에게 이 책을 바친다.

　필자는 오는 2024년 9월 1일자로 교장의 직위로 교육현장으로 옮겨간다. 2021년 8월 원고에서 학생창의력대회에 몰두하며 과학브레인(?) 교원들과 함께 한 시간들이 가장 강력했던 내 인생의 '매직아워'였다고 피력한 바가 있다. 교육전문직원으로 현장지원을 위해 최선의 노력을 쏟아온, 힘들었지만 보람됐던 늦깎이 장학사 시절도 강력한 내 인생의 '매직아워'로 남겨진다.

'해 질 무렵엔 굽은 산길이 더욱 또렷하게 보인다'는 이기철 시인의 시구처럼 퇴직할 날이 헤아려지는 후반부의 교단에선 더욱 많은 것들이 깨달아지며 아이들과 함께하는 하루하루 매시간이 소중한 '매직아워'로 남을 것 같다

또 다른 시작을 앞두고 또 다시 꿈을 꾼다. 그저 한갓 꿈에 지나지 않을지라도 꿈 꾸는 자는 아름답다는 게 필자의 지론이다. 여전히 척박한 땅이지만 도토리 한 알의 꿈을 심어볼 참이다.

최숙향

최숙향 칼럼집

A dream of an acorn

도토리 한 알의 꿈

도서출판 실천

차례

1부

진성성 있는 마음 15
지역별 디지털 문화대전 홈페이지 18
인공지능 시대 21
창의력 23
100주년 어린이날 27
도토리 한 알의 꿈이 거대한 숲을 만든다 30
공정이란 무엇일까 33
산골벽지분교의 메아리 36
메타버스 탑승을 앞두고 39
새로운 독서 모임의 활성화 42
마법의 시간을 찾아서 45
악마는 디테일에 있다 48
에플다이어트 51
수처작주(隨處作主) 54
노랑제비꽃 하나를 피우기 위해선 숲이 통째로 움직여야 한다 57
라온제나를 위하여 60
한류 열풍 63
걷기를 생활화하자 66
감동을 주는 교육 69
하바롭스크 한국교육원에서 열린 제28차 국제 학술대회 72

2부

전문적 치유가 필요한 아이들이 늘고 있다	77
에스페란토(Esperanto)	80
궁즉통(窮則通)	83
이제는 교권을 바로 세워줘야 할 때다	86
학생 동아리 시집 '눈꽃'을 발간하며	89
정신질환학생 수급 대책마련의 필요성	92
학생창의력챔피언대회	95
인디고 아이들	98
생명력이 꿈틀대는 4월	101
새 학교 새 출발의 3월	104
2월의 교단	107
봄을 기다리는 노래	110
산골벽지분교의 별빛소리	113
과욕이 화를 자초한다	116
가을 속 깊숙이 들어가고 싶다	119
새로운 여명	122
미래사회의 변화에 따른 학교교육	125
전국창의력챔피언대회 출전팀 창의캠프 운영	128
얼음새꽃처럼	131
장터에 펼쳐진 학예회	134

3부

어울림축제 한마당	139
산골 벽지분교의 시 울림	142
계절의 여왕 오월에	145
아름다운 입학식	148
젊은이들에게 보내는 축원의 메시지	151
전교생 시집 '하늘 위의 마을' 출간	154
꽃을 피워낸 시간	157
인생은 한 권의 책이다	160
바람직한 인성교육을 기대하며	163
학생창의력챔피언대회	166
산골학교의 밝은 미래	169
산골학교 '나도 작가!'의 꿈을 갖게 되다	172
교정에 희망을 심어주는 마음	175
새로운 시작을 위하여	178
우리의 결혼식 문화 이대로가 좋은가!	181
학교폭력승진가산점제 졸속운영의 실체	184
발명한마당 체험의 장	187
'슬로시티 달팽이 프로그램' 운영	190
터닝 포인트가 될 수 있다면	193
행복한 미래를 위해 아이들에게 '꿈'을 심어주자	196

4부

학생창의력챔피언대회	201
숙성시간을 갖자	204
누군들 살아있다고 하겠는가	207
새 학기에 걸어보는 작은 소망	210
병실에서 느낀 소회	213
사람의 마음을 얻는 힘	216
학교폭력 근절을 위한 승진가산점 부여의 허(虛)와 실(實)	219
돌아온 한글날	222
우리의 장례문화 이대로가 좋은가?	226
사랑과 집착에 대한 소고	229
아이들의 놀이문화를 회복시켜줘야 한다	233
지금은 학교폭력 예방교육에 매진 할 때	236
강력한 '교권보호법' 제정이 절실한 때	239
교원들의 수급 조절이 시급한 때	242
음악을 통한 구원, 기적의 오케스트라 '엘 시스테마'	245
가을의 초입에서	248
베푼 만큼 도움을 얻는 삶	251
교사론	254
아이 하나를 키우려면 온 동네 사람이 나서야	257
'학교폭력 근절'이 최우선 과제로 떠오른 시대	260
나누리 체험활동을 통한 창의·인성적인 인재 기르기	263

1부

진정성 있는 마음

 청명한 하늘이 눈 시리게 고운 가을이다. '가을은 모든 잎이 꽃이 되는 두 번째 봄이다'는 알베르 카뮈가 남긴 문장이 많은 사람에게 공감대를 형성하며 회자되고 있다. 아름다운 계절에 축제장의 인파처럼 밀려드는 업무량 속에서도 찬찬하게 자신을 되돌아보며 선물 같은 오늘을 귀하게 맞이한다.

 여전히 젊은이들이 무색할 정도의 후끈한 열정이 남아있는 나의 꿈은 해외 파견근무이다. 한류 열풍이 일고 있는 아시아 지역이나 여타 지역에서 한국어학교장이나 한국교육원장으로 근무하다가 퇴직하고 싶다. 선호지역은 키르기스스탄과 태국이다. 위험요소가 적은 지역이면 어딘들 상관없다는 생각도 든다. 십수년 전 경상대학교 교육대학원에서 교육심리학 석사과정을 마쳤지만 뒤늦게 한국어교육에 관심이 생겨서 작년에 진주교대교육대학원 한국어교육 석사과정을 통해 한국어교사 2급 자격증을 땄다. 그러나 많이 늦은 나이에 꿈을 꾸고 준비한 거라서 기회가 올 가능성은 적다. 코로나 19 이후 지원지기 적지 않을까 하는 생각은 들기도 한다.

꿈을 꾼다는 것은 행복한 일이다. 그저 한갓 꿈에 지나지 않을지라도 꿈꾸는 자는 아름답다는 게 필자의 지론이다. 도전은 사람을 새롭게 한다. 이루지 못해도 과정이 행복하다면 준비한 시간이 결코 헛된 시간은 아닌 것이다. 슈바이처 박사의 말처럼 '성공이 행복의 열쇠가 아니라 행복이 성공의 열쇠'이기 때문이다.

신념이 강한 편인 필자에게도 '나는 제대로 된 길을 설정하고 잘 가고 있는 걸까, 혹시 나침반을 잃은 게 아닐까' 하는 생각이 불현듯 찾아오기도 한다. 대학원팀의 비대면독서회에서 지난주는 '나를 끌고 가는 너는 누구냐?'라는 책을 놓고 토론을 했다. 필자는 분주한 한 계절을 보내며 독서회 문 밖으로 나와서 대기 중인 상태이다. '나를 끌고 가는 너는 누구일까…'

강산이 두 번이나 바뀐다는 오랜 세월 동안 연재한 '교단에서'의 지면을 오늘로써 마무리하고자 한다. 필자의 남은 꿈이 이루어진다면 24년도쯤엔 한국어를 배우고 싶어 갈망하는 해외 어느 지역에서 힘들기는 해도 보람된 교단생활을 하고 있을 것이다. 그때 해외의 교단에서 더욱 풍성해질 이야기들을 들려주기 위해 다시 지면을 찾게 되는지 모른다.

 필자의 삼십여년 교단에서는 '감동을 주는 교육'에 무게중심을 크게 뒀다. '나를 끌고 가는 너는 누구냐?'의 책에서 '사람의 마음은 사랑을 받으면 열린다'는 것을 확인한다. 덧붙여 '진정성 있는 마음은 감동을 이끌어낸다'는 문장으로 '교단에서' 지면을 갈무리하고 싶다.

경남일보 2023년 10월 26일자

지역별 디지털 문화대전 홈페이지

많은 정보의 홍수시대엔 정보의 바다를 유영하며 필요한 정보를 잘 찾고 수집해내는 능력이 필요하다.

10여년 전 한국학 중앙연구원에서 '한국향토문화전자대전' 텍스트 데이터 제작 사업을 시작했다. '한국향토문화전자대전(http://www.grandculture.net)' 홈페이지에서 각 지역을 클릭하면 각 지역의 향토문화 정보 사이트가 펼쳐진다. 홈페이지를 거치지 않아도 인터넷 검색창에서 '디지털ㅇㅇ(지역명)문화대전'을 검색을 하면 그 지역의 향토문화에 대한 방대한 정보가 탑재되어 있는 것을 볼 수 있다. 현재 사이트 구축 현황을 살펴보면 구축 항목이 15만 6000여개, 시청각 항목이 27만여개로 나타나 있다. 자연지리, 역사, 정치경제사회, 문화유산, 종교, 생활민속 등 실로 어마어마한 정보의 콘텐츠가 탑재되어 있는 것이다.

'한국향토문화대전'은 전국 시·군·구 지역의 다양한 향토문화 자료를 발굴·수집·연구하여 각 지역의 향토문화를 체계적으로 집대성하고 이를 디지털화하여 인터넷으로 서비스하는 '순환형 지식정보 시스템'을 의미하는 것이라 할 수 있다. 한 지역의 향토문화 정보를 정보화하여 지역문화 자원의 활용을 증대하는 기반 마련과 독자(사이트접속자)로 하여금 향토문화에 대한 생동감, 역동감이 넘치는 체험의 기회를 제공하고, 정보 수집을 위한 접근의 편의성과 수월성이 확보되도록 한다는 목적으로 정리된 것이다.

그 당시 이를 위해 각 지역별로 30여명의 지역연구팀 집필자와 자문위원단 및 원고검토위원을 두어 원고집필 및 집필자 확정부터 전자문서 작성(태깅 작업)까지 텍스트 데이터 제작과정을 단계별로 치밀하게 밟으며 완성했다. 필자도 하동편의 집필자로 활동했기 때문에 이 사업에 대한 개략적인 면을 앞서 알고, 경남일보 2010년 8월 17일자에 '한국향토문화전자대전' 제목으로 글을 올린 바 있다.

얼마 전 지역화교재 편집방향에 대해 의논하던 중 현직교사들 조차도 이 사이트를 모르고 있다는 사실을 알게되었다. 한국학 중앙연구원에서 어마어마한 규모의 유익한 사업을 완성했음에도 불구하고 홍보의 파급효과가 적어보인다. 초등학교 3학년 사회과 보조자료 '우리고장' 지역화교재 검토·개발위원 및 지도교사들은 꼭 각 지역의 디지털문화대전홈페이지를 방문해보길 권한다.

경남일보 2022년 8월 23일자

인공지능 시대

어릴적 필자는 다락방에서 공상 만화책을 많이 읽었다. 이런 만화에 한번 빠져들면 꼬리에 꼬리를 문 상상의 나래를 펼쳐갔다. 개량된 주먹만한 크기의 쌀 한 톨로 밥을 지으면 밥이 된 쌀 한 알을 쟁반에 담아 밥상 위에 올려놓고 식구들이 둘러앉아서 숟가락으로 퍼먹는 상상을 하기도 했다. SF 공상만화에서 본 건지, 필자의 머릿속에서 나왔던 공상인지, 수십년이 지난 얘기라 기억이 불분명하다. 주먹만 한 개량된 쌀은 아직 나오고 있지 않지만 토마토 뿌리에 달린 감자, 우리와 함께 생활하는 로봇, 인조인간 등 만화책 속의 내용들이 살아오면서 실현되는 것을 보고 공상만화가 어쩌면 30년의 과학기술을 앞서가기도 한다는 생각이 들기도 했다.

우리가 막연하게 떠올려봤던 상상들이 생활 속에 급속도로 실현되는 모양새다. 인공지능 시대, 스파이크 존즈 감독의 영화 '그녀'는 지금 시점에서 전달하려는 메시지를 곱씹어 볼 만한 영화 같다. 넷플릭스에서 볼 수 있는데 인간과 인공지능의 사랑을 다룬 2013년 영화이다. 기술이 인간을 초월하는 순간 '특이점이 온다' 라는 '레이커즈와일'의 책에서는 '인공지능이 인간을 넘어서는 순간부터 인공지능은 인간을 능가하는 속도로 발전하고, 그 발전 속도가 너무 빨라져서 인간은 절대로 이해할 수 없는 수준이 될 것이다'라고 말한다.

이젠 교실 속으로도 AI가 본격적으로 파고들 모양새다. 이미 교육분야에 접목 가능한 AI스튜디오스 콘텐츠도 나와있다. AI 휴먼을 선택하고 대사를 넣으면 실제로 인간이 말하는 것 같은 영상을 만들 수 있어 발표자료 만들기에 적합하다고 한다. 학생과 영어로 대화하는 영어보조 교사 AI로 학생별 말하기 체크도 가능해졌고, AI 휴먼을 통해 입 모양까지도 확인할 수 있는 영어회화 프로그램 '스픽나우' 딥브레인 AI도 나와 있다. 인공지능 기반으로 학생 개인의 학업 역량과 다차원 학력진단을 통해 인지적, 정의적, 신체적 영역을 종합적으로 진단하여, 학생에 최적화된 학습콘텐츠와 학습 로드맵을 제공하는 개별맞춤교육이 구현될 날이 멀지 않아 보인다.

AI의 발전은 기대와 함께 사라지는 일자리 등 여러 우려도 교차하고 있다. AI의 교육 현장 도입이 교육에 커다란 도움을 줄 순 있으나, AI식 지식의 전달만으로는 교육이라고 할 수는 없다. 진정한 교육은 사람과 가슴으로 소통하며 '감동을 주는 교육'이 돼야 한다. 교사는 학생의 정서와 심리적 상태를 파악하여 소통하고 공감하며, 학생의 잠재적인 역량을 이끌어 내는 창조적인 사람이다. 그러나 인공지능의 무궁무진한 발전과 빠른 속도를 느끼며 안일함은 금물이라는 생각마저 든다. AI로 대체할 수 없는 진정한 스승이 되어야 할 것이다.

경남일보 2022년 7월 19일자

창의력

    2022년 경남학생창의력챔피언경남대회가 마무리됐다. 경상남도교육청 과학교육원에서 운영하고 있는 경남학생창의력챔피언대회는 의사소통능력, 협동능력, 창의력 등 창의적 핵심역량을 함양한 우수 창의인재를 육성하는 데 목적을 두고 있다. 참가대상은 경상남도 초·중·고등학생 및 청소년 4~6인으로 구성된 팀으로 금상 학생들에겐 경상남도교육감상이 수여되는 대회이다. 팀원 전원이 표현과제와 즉석과제에 참가해야 하는데, 학생들이 팀을 이루어 주어진 과제를 해결하는 과정에서 표현과제는 팀원들끼리 함께 시나리오, 무대배경 및 장치, 소품, 의상, 음악, 영상 등 아이디어를 모아 독창적인 과제해결 방법을 찾아내어 창의성을 잘 발휘해 내야 한다.

필자는 오랜 세월 창의력올림피아드 및 창의력챔피언대회에서 학생지도와 운영, 심사를 해오며 창의력대회야말로 학생들을 가장 폭풍성장시키는 대회라고 느껴왔다. 과학과 극예술의 융합으로 이끌어지는 창의력대회는 팀협동을 이끌어내며 학생들에게 모험과 열정, 도전정신을 키워준다.

'창의력'은 백과사전에 '새로운 생각이나 의견을 생각해내는 능력으로, 기존에 있던 생각이나 개념을 새롭게 조합해 새로운 생각이나 개념을 찾아내는 과정이기도 하다'고 표기되어 있다. 창의적인 사고는 과학적이고 기술적인 것 뿐 만 아니라 예술적인 차원의 사고능력까지도 필수적으로 요구된다. 그러므로 창의력은 과학과 예술의 융합으로 일어나는 상상력의 구체화 과정이라고도 할 수 있다. 새로운, 보람 있는 것을 만들어내는 힘이라고 정의할 수도 있다.

우리는 지금 단순업무들은 AI와 로봇이 처리하는 급변의 시대에 살고있다. 지금까지 그 누구도 생각해내지 못한 새로운 방식으로 바라보고, 문제를 찾아내고, 해결하며, 자기 특유의 차별화된 아이디어를 적용한 새로운 창조적 능력을 필요로 하는 시대에 놓여있다. 여느 때보다도 학생들의 창의력을 일깨우고 키워줘야 하는 시대인 것이다.

아이들은 창의성 그 자체라고 말하기도 한다. 창의력을 일깨우고 키우는 방법은 여러 가지로 쏟아져 나와있다. 무한경쟁의 세상에서는 효율적으로 빠른 성장을 가져오는 '대회'도 효과적이라고 본다. 학생창의력챔피언대회 외에도 한국과학창의력대회와 세계창의력경시대회, '상상과 도전으로 미래를 주도하라'는 슬로건을 내건 대한민국학생창의력올림피아드, 세계창의력올림피아드, 한국학생창의력올림픽 등도 눈길을 끈다. 미래를 능동적으로 이끌어 갈, 창의성과 리더십을 가진 창의융합 인재 육성을 위해 펼쳐지고 있는 창의력대회에 관심을 당부하고 싶다.

경남일보 2022년 6월 15일자

100주년 어린이날

　창밖으로 봄 현장체험학습을 떠나는 아이들의 행렬이 눈길을 끈다. 실로 오랜만에 보는 진풍경이라 신기한 듯 사람들이 창가로 모여든다. 아이들 모두가 함박웃음을 머금은 표정이다. 반가운 봄 소풍 정경이다. 봄꽃들이 흐드러진 들판을 거닐며 친구들과 연신 재잘거릴 아이들의 모습이 떠오르고 이내 미소가 지어진다.

　봄 햇살 아래 피어나는 아이들의 맑고 밝은 모습은 5월을 성큼 떠올리게 만든다. 5월은 어린이날, 어버이날, 스승의날 등 아이들이 즐거워 할 기념일이 많다. 특히, 올해 어린이날은 100번째 어린이날이다. 코로나 19로 인하여 기쁨을 나눌 수 있는 자리가 없었던 지난 2년 간의 어린이날을 축하하고 어린이들에게 즐거운 시간을 선물할 수 있도록 지자체 및 교육기관에서는 의미있게 보내게 할 어린이날 기념행사 준비가 한창이다.

  100회 어린이날을 앞두고 평생 교육 현장에서 아이들과 함께 호흡했던 교육자 이주영님이 '방정환과 어린이 해방 선언 이야기'를 펴냈다. 그는 이 책에서 100년 전 방정환과 어린이 해방 운동가들이 품고 있었던 생각들을 현시점으로 가져와 그 시대적 의미를 분석한 후 교단 30년 경험을 토대로 한 자신의 생각을 밝히고 있다. 그 이야기는 1923년 5월 1일 '제1회 어린이날'에 반포되어 널리 알려졌던 '어린이 선언'으로부터 그 선언의 현재적인 의미와 세계적인 의미를 돌아보고 방정환선생님이 중심이 되었던 100년 전 어린이 해방 선언의 선구적인 성격을 흥미진진하게 풀어낸다. 어린이는 미성숙한 존재가 아니라 온전한 인격체로서 대우받아야 함을 저자의 생각과 연구, 그리고 삶을 통해 드러내고 있다.

  "묵은 사람이 새 사람 보고 '내 말만 들어라, 내 말만 들어라' 하면서 새 사람의 의견을 덮어 누르기만 하면, 천년만년 가도 새 것이 나올 수 없고 아버지보다 더 새롭고 잘난 아들이 있을 수가 없는 것입니다. 내 말만 믿지 말고 나보다도 더 잘난 사람이 되어 새 것을 생각하고 새 일을 하도록 하라고 떠받쳐 주고 새 의견을 존중해 주어야 할아버지보다 아버지가 잘나고 아버지보다는 아들이 잘나고 아들보다는 손자는 더 잘나게 되어 자꾸자꾸 집안이 잘되고 세상이 잘 될 것입니다."

책 속 위의 내용은 자꾸 생각이 고이게 하는 부분이다. 이 책은 '어린이에 대해 너무나 모르고 있었구나!'라는 깨달음을 갖게 한다. 어린이 해방 선언 100주년이라는 의미를 되새겨 보며 100년의 세월이 흐른 지금 과연 그때 보다 나아진 것이 있는가를 생각해보게 한다.

경남일보 2022년 4월 19일자

도토리 한 알의 꿈이
거대한 숲을 만든다

필자는 해지기 직전에 컴퓨터를 마주하고 앉아서 일에 몰두 할 때 소소한 행복을 느낀다. 혹자는 이것을 보고 일중독이라고 하는데 일은 필자를 살아있게 만드는 활력소 인 것 같다. 특히, 다양하고 쉽지 않은 강도의 일들이 밀려올 때 하나씩 마무리를 해나가면서 희열을 갖게된다. 이순이 다 되어 가는 사람이 늘 바빠서 허덕이면서도 아직은 좀 더 편한 곳을 찾아서 생활을 바꾸고 싶진 않다. 주변에선 안타까워하며 제대로 놀 줄 아는 법을 터득하면 이렇듯 일중독에 빠지진 않는다고 질책을 하기도 한다.

여행을 좋아하는 필자는 틈만 나면 여행을 다니는 편이다. 여행, 영화감상, 독서는 주어진 삶을 늘여 쓰는 방법이라고 생각한다. 코로나로 인하여 발이 묶여 여행에 제약이 생기고 영화관 출입도 쉽게 못하게 되었다. 집 스크린의 한계는 영화조차도 더 이상 흥미의 세계로 이끌지 못하고 그저 분주한 일속에 빠져들어 있을 뿐이다.

젊은 시절엔 사람과의 어울림을 좋아해서 직장생활 외에 각종 모임을 만들며 20년 이상 왕성하게 사회활동을 했다. 이제는 그 어떠한 것에도 현재의 주어진 일에 몰두하는 것 이상의 흥미가 생기지 않는다. 조용히 침잠하여 일을 하는 것에서 즐거움을 느끼고 있을 뿐이다. 퇴직할 때를 손가락으로 꼽을 수 있는 나이라 퇴직으로 분주한 일에서 벗어날 상황이 되려 염려될 정도이다.

엘베스트그룹 손진익 회장은 저서 '일하는 즐거움 나이듦의 행복'을 통해 70여 년의 세월 동안 지키고 깨달은 삶의 원칙과 지혜의 기술을 전한다. 그의 목표는 돈을 쫓는 것이 아니라 행복을 찾기 위한 것이어서 어떠한 시련 앞에서도 포기하지 않고 다시 일어설 수 있었다고 한다. 그는 '인생을 긍정적으로 개척하는 생존전략과 지혜의 기술 58가지'를 일러준다. 목차의 첫줄인 '도토리 한알의 꿈이 거대한 숲을 만든다'는 문장은 가슴을 두근거리게 만든다. 새로운 준비를 꿈꾸게 한다.

간혹, 놀고먹을 수 있다면 일 안하고 살고 싶다고 말하는 사람도 있다. 그건 일하는 즐거움을 제대로 느껴보지 못한 사람의 얘기로 보여진다. 진정, 하고 싶은 일을 신명나게 하며 살 수 있는 삶이야말로 가장 축복 받은 삶일 것이다. 힘든 세상에서 하고싶지 않은 일에 맞닥뜨리고 다소 척박한 일에 치여 지치기도 하겠지만 내 현실에 주어진 일의 범위 속에서라도 '인생을 긍정적으로 개척하는 생존전략'을 궁리하다 보면 행복의 언저리에 다가가게 되지 않을까 생각된다. 필자는 오늘도 도토리 한알의 꿈을 심어본다.

경남일보 2022년 3월 22일자

공정이란 무엇일까

필자가 속한 온라인 독서회에서 지난달엔 회원들이 추천한 도서들 중 '불공정사회'로 3주간 토론을 진행했다. '공정'이란 것은 생각보다 쉬운 화두가 아니었다. 어학백과사전에 '공정'은 '어느 한쪽으로 치우침이 없이 공평하고 올바름'으로 요약되어 있다.

우리는 모두 어느 한쪽에 치우치지 않는 공정한 시각으로 바라 봐야한다고 주장하지만, 공정의 가치는 보는 관점에 따라 달라지며 사회적 합의에 이를 수 없는 의미로 보인다. 우리 사회에서 유일하게 사람들이 공정하다고 합의한 부분이 바로 능력이라고 한다. 능력에 따라 차이를 두는 것을 공정하다고 생각하는 것이다. 시험을 치르고 성적에 따라서 자격을 얻는 것을 불공정하다고 생각하는 사람들은 없다는 것과 상통하는 말이다. 그러나 마이클 샌델 교수는 '공정하다는 착각'에서 '능력대로 하면 공정한가?'라는 의문을 제기했다. 능력 있는 사람은 당연히 다 가져도 되는지, 그런 사회가 진정 공정한 사회인지 묻고 있다. 이렇듯 사람들은 모두 공정이 중요하다고 외치지만 '공정'을 결론내리기는 쉽지가 않다.

생활 속의 작은 질서에서도 다소 불합리해 보여서 변혁의 의지를 지닐 때라도 기존 시스템이 존재하는 이유를 면밀히 살펴보고 검토해가면서 점진적인 변화를 추구해 나가는 것이 바람직해 보인다. 어떠한 기존 질서에 대한 무조건적인 비판에 앞서 존중하는 태도로 보완해 나가는 자세가 필요하다고 생각된다.

'불공정사회'의 저자 이진우는 어떻게 하면 공정한 사회로 나아갈 수 있을지 해답을 가르쳐주지 않는다. 철학을 전공한 사람답게 독자 스스로 해답을 고민하도록 유도한다.

독서회원들이 책의 내용에서 발췌한 독서토론 발제문은 '신뢰는 더는 사회적 덕성이 아닌가'와 '공적인 영역의 연대는 언제 사적인 영역의 연고주의로 변질하는가?'였다. 발제문과 더불어 책에서 눈길을 끄는 건 '인간에게 중요한 것은 언제나 신뢰의 분위기에서 번성한다'는 것과 '신뢰의 리스크를 감당할 수 있는 자만이 신뢰할 수 있는 것이다'라는 것,

그리고 '오늘 한 집단이 양보하려면 내일은 다른 집단이 양보할 거라는 믿음이 있어야 한다'는 문장들이었다.

연고주의는 불공정사회로 가는 지름길이라고들 한다. 잘 나가다가 자기도 모르게 빠져드는 마의 수렁이며 사회의 병폐를 낳는 것이다. 내로남불이 성행하는 세상에서 공정의 잣대 역시 나 자신이 만든 좁은 프레임 안에 가둬놓고 있는 것은 아닌가 생각해 볼 일 같다.

얼마 전, 출중한 실력을 갖추고도 오랜 세월동안 빛을 못 보고 어렵게 살아온 무명가수를 국민가수로 우뚝 세워야 된다는 생각은 박창근 신드롬을 낳았다. 무엇이 많은 사람들을 팬덤으로 만들었을까, 심금을 울리는 음색으로 레전드 같은 탁월한 실력이 있는 사람이 20여년 무명으로 지내왔다는 사실은 수많은 사람들에게 안타까움을 공감하게 했을 것이다.

새해 벽두부터 화두로 올라온 공정이란 과연 무엇일까!

경남일보 2022년 1월 18일자

산골벽지분교의 메아리

 화개초등학교왕성분교장의 전교생 시집 '가을향기'가 배달되어 왔다. 올해 발간한 제7호 전교생 시집이었다. 분주한 틈새 왕성골짝 아이들의 흔적을 찾아 시구를 더듬었다. 산골벽지분교의 문화가 전통을 이어가고 있어 만감이 교차된다.

 필자는 처음 왕성벽지에 발령 받으며 지리 환경적으로 비교적 문화 소외지역인 왕성의 아이들에게 '어떤 감동을 주는 교육을 펼칠까, 교사로서 어떤 교육의 발자취를 남길까'를 고민하였다. 마침 경상남도교육청에서 실시하는 '학생 인문·책 쓰기 동아리' 공모사업이 있어서 신청하였는데 선정되어 전교생 시집 만들기 사업을 시작하게 되었다.

 먼저 시쓰기를 어려워하는 아이들에게 창의적체험활동 시

간을 확보하여 전교생 대상 시창작 교육을 실시하였다. 초청작가 글쓰기 교실도 열었다. 그리고 각종 백일장 대회를 파악하고 아이들을 참가시켰다. 무려 왕복 7시간 대회장으로 내 차에 태워서 아이들을 이끈 적도 있다. 삼천포 남일대해수욕장에서 열린 제1회 남일대전국학생백일장에서 1등과 2등의 성과를 가져왔다. 등위에 따른 상금이 무려 60만원, 40만원이었다. 아이들 모두가 열광했다. 상금과 상품을 받기 시작하니 전교생 아이들이 아침마다 시를 쓰고 들고 오기 시작했다. 계곡 물소리와 산골의 별빛소리를 들으며 고민하고 써낸 시들이 살아서 꿈틀거렸다. 가을이 되면 습작 시를 모아서 각종 공모전에 투고도 했다. 신명난 아이들은 각종 백일장대회와 공모전의 상을 휩쓸어왔다. 연말엔 1년의 성과가 눈부셨다. 2015년 드디어 '하늘 위의 마을'이라는 아이의 시제목을 표제로 붙인 전교생시집 제1호를 발간했다. 시낭송과 시화전시회를 곁들인 출판기념회를 열어 출판을 자축하는 자리도 마련하였다. 해를 거듭하며 성과가 더욱 쌓여갔다. 이어 2016년에는 '꽃등', 2017년엔 '왕성골 별빛소리' 전교생시집을 발간하고 만기가 되어 그곳을 떠나오며 후배들에게 멈추지말고 전통으로 맥을 이어가길 당부했었다.

시쓰기를 통한 아이들을 성장을 지켜보며 마음이 닿은 후배교사들이 열과 성을 다하여 전통을 이어갔고, 그동안 서경방송에서 취재가 나와서 '하동 산골 분교의 꼬마 시인들을 아십니까?' 라는 제목으로 방영되기도 하고, 다큐3에서도 왕성골 아이들의 시창작 이야기가 TV에 방영되었다는 이야기 등 아이들의 성장이야기가 무성하게 전해져 왔다. 제4호부터 7호의 전교생 시집을 매해 전달 받으며 각각의 빛깔과 향기를 머금은 아이들을 만난다. 시인이 떠난 자리에서 어려움 속에서도 시창작 문화를 정착시키며 여전히 왕성하게 활동하고 있는 왕성분교 교사들의 시교육 소식에 마음이 흐뭇해진다.

지난 시간들을 뒤돌아보면 '감동을 주는 교육은 눈부신 성과와 교직에의 무한한 보람을 선사한다.' 는 것을 느끼게 된다.

경남일보 2021년 12월 22일자

메타버스 탑승을 앞두고

세상이 빠른 속도로 변모하고 있다. 4차 산업혁명시대 쓰나미처럼 변화의 물살이 세게 다가올 것이라는 예상대로, 그동안 익숙하게 살아왔던 시대의 모습과는 확연히 다른 양상의 변화가 일상생활 속으로 밀려온다. 눈 깜짝할 새 다가온 인공지능시대에 인공지능이 가상세계 공장에서 물품을 제조하는 한국과학기술원(KAIST) 체험관 개소 소식도 들린다.

팬데믹을 겪으며 이젠 일상생활의 중심에 있는 화상 모임과 온라인 회의가 편안하게 느껴지기는 시점에 '메타버스'라는 용어가 사람들 사이에서 뜨겁게 떠오르고 있다. '메타버스'시대가 오고 있다. '메타버스'를 모르면 젊은이와 사고의 흐름을 같이 할 수가 없고 미래사회에 발맞추기 어렵다고들 한다. 가상세계의 한 구역을 빨리 선점해야 밀리지 않고 시대를 앞서갈 수 있다는 말도 회자되고 있다.

'메타버스'는 현실 세계를 가상의 공간에서 구현하는 플랫폼이다. 이는 '메타(meta)'와 우주를 뜻하는 '유니버스(universe)'의 합성어이다. 생소한 용어지만 우리는 일상생활에서 이미 메타버스를 경험하고 있다. 온라인게임, 플랫폼 서비스, SNS, 네비게이션 등이 바로 그것이다. 앞으로는 우리의 일상생활 속에서 그 영역이 더욱 확장 될 것으로 보인다.

'메타버스'에 관한 책이 쏟아져 나와 있다. 필자가 속한 온라인 독서동아리에서도 '메타버스'도서를 선정하고 두 주에 걸쳐서 탐구와 토론의 장을 마련했다. 책 내용 중 '한명의 사람이 현실 세계와 여러 개의 메타버스를 동시에 살아가면서 여러 개의 페르소나를 보여주는 세상'이라는 글귀가 눈길을 머물게 한다. 현실의 나에게서 보여주고 싶지 않은 나를 빼고, 이상적인 나의 이미지를 조금 추가해서 즐기는 라이프로깅 메타버스가 대세가 될 것임에 공감이 간다.

책과 인터넷 검색을 통해 '메타버스'를 알아보며 전국에 흩어져 있는 공공기관들 간에 물리적 거리를 극복할 수 있는 대안으로 다양한 정부시스템 중 일부를 가상공간에 만들자는 '메타버스 정부'구상도 거론되었다는 것도 알게 되었다.

코로나 시대 작은 결혼식을 계획하여 결혼을 앞두고 있는 필자의 딸아이가 "팬더믹으로 어려운 상황이 닥치면 '온라인 결혼식'을 해도 괜찮다"고 얘기한 적이 있다. 이미 게임 속 가상결혼식도 실제로 열린 세상이다.

　우리는 메타버스를 어떻게 이해하고 받아들여야 할까. 변화의 파고 앞, 현실과 가상세계의 혼돈 우려와 두려움에 앞서, 흥분과 기대로 즐겁게 탑승해서 디지털지구를 탐험해야겠다. 메타버스는 여러 기업, 기관에서 관심을 가지며 세계경제의 중심이 되어가고 있는 양상인데, 만들면 성공할 것 같은 메타버스 아이템을 생각해보면 어떨까!

경남일보 2021년 11월 30일자

새로운 독서 모임의 활성화

K열풍의 흐름을 타고 외국인 대상 한국어교육을 위해 시작했던 '한국어교육' 석사과정을 지난 8월 마무리했다. 교육대학원으로 모여들었던 20대부터 60대의 현직교사와 일반인들로 구성된 동기들은 금새 2년 반이란 시간을 보내고 제각각 흩어졌다. 구성원들이 50대 후반으로 나이가 많았는데 인생 후반부에서 만난 열정적인 사람들이어서 그런지 대다수가 졸업을 아쉬워했다. 이미 석사 또는 박사 학위를 가진 사람들이었는데, 수학 중에도 겹치기로 또 다른 창업관련 대학원에 다니는 사람도 있고, 새로운 학업으로 나아가는 동기들도 있다. 바야흐로 평생학습시대의 모습들이었다.

끊임없는 열망이 있는 이 학우들과 헤어짐의 아쉬움으로 독서모임을 시작했다. 젊은 시절 대학원 졸업 때완 달리 늦

공부에 불이 붙은 행태라고도 볼 수 있다. 논문쓰기 밴드에 이어 독서모임 밴드가 만들어지고 활성화되었다. 많은 수의 대학원생 논문 지도를 놀라울 정도로 열정을 쏟아 마무리 해주신 교수님이 이끌어주신다. 생활 전반에 많은 일깨움을 강력한 실천으로 몸소 보이고 있는 분이라 거의 대부분이 자발적으로 독서모임에 몰려들었다.

독서모임은 일주일에 한번씩 화상토론으로 진행된다. 회원들이 책을 추천하고 책을 추천한 회원이 그 주에 발제문을 올리고 사회를 맡으며 토론을 이끄는 형태이다. 9월 시작한 독서모임에서 다룬 책은 '꾸뻬씨의 행복여행', '타이탄의 도구들', '불공정사회'다.

분주하고 팍팍한 삶 속에서도 '꾸뻬씨의 행복여행'의 '진정한 행복은 먼 훗날 달성해야 할 목표가 아니라 지금 이 순간 존재하는 것이다'는 누구나 알고 있음직한 진리를 되새기게 했다. 4년 전 베스트셀러로 각광을 받았던 '타이탄의 도구들'은 세상에서 가장 성공한 사람들의 삶과 경험이 녹아있어서 우리가 어떤 목표에 어떤 방법으로 접근해야 할지에 대한 지혜를 배우게 해준다. 서문에 제시된 '인생을 걸어볼 목표를 찾아라'와 '언제나 가능한 것을 시작하라', 그리고 '미친 듯이 땀을 흘리면 알게 되는 것들'의 살아있는 문구들은 사람의 마음을 꿈틀거리게 한다.

코로나19 시대에 들어 독서 모임이 화상을 통해 이루어지고 있다. 주변을 둘러보면 사람들이 주로 독서모임 한 개쯤은 가지고 있는 모양새다. 독서의 계절 가을을 들먹이지 않아도 코로나 시대 자연스럽게 화상을 통해 지평을 넓히고 있는 독서 모임의 양상이 바람직해 보인다.

경남일보 2021년 10월 29일자

마법의 시간을 찾아서

 얼마 전 배우 황정민이 예능방송에 나와서 '매직아워(magic hour)'에 대한 소견을 말하는 것을 듣게 되었다. 매직아워는 해오름과 노을이 지는 십 여분의 마법 같은 짧은 시간을 말한다. 카메라 촬영을 위한 일광이 충분하면서도 인상적인 효과를 낼 수 있는 여명이나 황혼시간대를 일컫는 것이다. 듣는 순간 귓가에 머물던 '매직아워'는 몇날동안 뇌리에서 맴돌았다.

 '더욱 소중하게 느껴지는 내 인생의 매직아워는 언제였을까….'

 오랜 시간 같은 직종에 근무하며 살아와도 사람마다 직장에서의 경험치는 상당한 차이가 난다. 본인의 삶 속에서 매직아워를 자주 느끼고 발견하며 생활하는 사람은 주어진 비슷한 일에서도 창의성을 발휘하여 색다른 경험이 무궁무진하게 쌓일 것이다.

함께 근무하는 장학사가 이번 여름방학을 이용하여 집합연수에 참여했던 어떤 교사의 얘기를 그대로 전한다.

"상상이상 소~~~름이 돋는 연수였습니다. 꼭 필요한 것들을 쏙쏙 골라서 맞춤형으로 너무도 유익한 연수입니다." 연수에 있어서 이런 호평은 좀처럼 듣기 어려운 반응이다. 이 교사는 이러한 연수를 통해 일상적인 생활에서의 매직아워를 발견했을 것이다. 이것이 계기가 되어 마법 같은 이러한 귀하고 의미있는 시간들을 찾아서 자신 역시 훗날 교육계에서 이타적인 삶의 업적들을 남기게 될 것이라는 생각이 든다.

호평을 받는 연수는 경상남도 과학교육원에서 초중등 저경력교사의 수업전문성 높이기 위해 실시하고 있는 '함께 성장하는 과학 멘토링 직무연수'였다. 수업을 고민하는 저경력 교사 대상 협력적 멘토링 활동으로 멘토교사와 멘티교사가 함께 성장하고자 목적을 둔 연수인데 초중등 2개반 37명이 참여해 10월 2일까지 운영중이다.

필자는 2010년부터 경상남도교육청 과학교육원 발명TF에 합류하여 활동하며 열과 성을 다하는 진정한 과학 전문가들을 만나 깨달음과 감동의 시간들을 보낸 적이 있다. 필자의 삶에서 마법의 시간으로 느껴지는 때는 문학, 관악에 매진한 시기도 있지만, 창의력 대회에 몰두하며 과학브레인들과 함께 한 시간들이 가장 강력했던 매직아워였다고 생각된다. 이 연수는 역시나 그 열정의 과학브레인들이 운영하는 연수였다.

위드코로나시대 비슷한 일상에 붙들려도 그 속에서 매직아워를 찾아내며 시간을 슬기롭게 보내야 되는 시점이다. 어쩌면 황정민의 말처럼 일상의 사소한 순간들도 모두 매직아워인지도 모른다.

경남일보 2021년 8월 31일자

악마는 디테일에 있다

　각종 계획이나 원고는 더 이상 수정할 곳이 없다고 생각된 것도 시간과 장소를 바꾸어 살펴보면 첨삭할 곳이 다시 보이기 마련이다. 수정을 거듭할수록 완성도가 높아지는 것이다. 필자는 일거리를 늘 주변에 장치해놓고 사는 편이다. 시간에 쫓기는 일처리에 있어서도 '악마는 디테일에 있다' 라는 말이 머릿 속에 각인되어 있어서 그렇지 않아도 꼼꼼한 편인 필자를 종종 괴롭힌다. 자신에게 디테일하게 일을 처리할 시간을 넉넉히 내어 주지 않아 가히 자학적인 수준이다.

　독일의 건축가이자 교육자로도 활동했던 미스 반 데어 로데는 '신은 디테일에 있다'는 말을 남겼다. 건축이나 모든 조형물에서 세부 마감이나 디테일이 완벽해야 마스터피스라고 불릴 자격이 있다는 의미의 표현이다. '악마는 디테일에 있다'라는 말은 여기에서 유래되었다고 한다. 이 말은 문제가 될 요소는 디테일에 숨어있다는 것인데, 세부사항의 중요성을 나타낸 의미이다.

며칠 전 TV 방송에 오래 전 영화 '아웃 오브 아프리카'에서 미세한 제스처까지 디테일하게 손 연기 한 영화배우 메릴 스트립에 대한 얘기가 나왔다. 손끝까지 놓치지 않고 섬세하게 감정을 담아내 캐릭터를 완벽하게 표현해내는 메릴 스트립의 연기를 재조명해보는 것이었다.

섬세함은 정성이고 배려라고도 할 수 있다. 일에서 뿐만이 아니라 사람을 대함에 있어서도 섬세한 감정의 헤아림이 아쉽게 느껴질 때가 많다. 매사에 있어서 '악마는 디테일에 있다. 즉 문제가 될 요소는 디테일에 숨어있다'는 말을 새겨보는 것은 자아수양과 자기발전에 도움이 되는 것 같다.

자신이 하는 일에 있어서 완벽하지는 못해도 디테일한 부분까지 신경쓰다보면 진정성이 빛을 발하여 신뢰를 쌓게 된다. 디테일의 차이가 결정적인 결과로 나타나기도 한다. 이런 디테일함은 마음먹기에 따라서 누구나 가능한 일로 생각된다.

2학기 학교의 전면등교를 앞두고 교육정책관리자회의 및

각 지역에서 학교장회의를 열어 이에 따른 학교의 일상 회복 방안을 모색하는 등 준비가 한창이다. '촘촘! 꼼꼼!'학교 일상 회복 지원 방안'이라는 회의자료의 제목이 눈길을 끈다. 디테일한 챙김이 필요할 때다. 촘촘한 방역과 꼼꼼한 일상 회복 지원을 위해 애쓰는 관계자들에게 박수를 보내고 싶다.

경남일보 2021년 7월 20일자

에플다이어트

 오랫동안 다이어트를 하며 살아온 필자에게 '에플다이어트'는 듣는 순간, 주의를 끄는 용어였다. 특히 사과의 고장에 들어와서 근무하고 있는 때라 환경에 맞는 오묘한 조합이 포기한 다이어트를 다시 떠올리게 했다. 그러나 에플다이어트는 그런 다이어트가 아니었다. 이렇게 연상작용을 불러일으키며 단번에 주목을 끄는 용어를 내거는 전략은 사업이라면 초대박 조짐이다. 내건 이름이나 제목에서 이미 한 수 먹고 들어가는 마케팅 효과가 있는 것이다. 그리하여 필자도 언젠가는 이 용어를 제목으로 걸고 글을 쓸 것이라는 생각을 했다. 바로 오늘이 그날이다.

 '에플다이어트'는 '에너지와 플라스틱 줄이기'를 나타낸 것이었다. 지구온난화와 기후변화의 주범이 되고 있는 에너지

낭비를 막고 플라스틱으로 넘쳐나는 지구를 살리자는 운동이다. 기후위기, 환경재난시대에 우리 아이들의 건강한 미래를 위해 2050년을 준비하는 실천 운동인 것이다.

경상남도교육청은 전국최초로 교육청 단위 환경교육 전담부서인 '기후환경교육추진단'을 신설하고 경남교육의 대전환 과제 중 하나인 생태환경교육의 대전환에 따른 기후위기 대응교육 실천 확대를 위해 '학교에서 시작하는 푸른 지구 만들기' 선언식을 가졌다. 이어 지구를 살리는 실천방법인 '에플다이어트' 운동을 전개하고 있다. 기후환경교육추진단은 의욕적인 행보를 보이며 각 교육지원청의 학교장 협의회에 참석하여 '학교에서 시작하는 푸른지구 만들기' 사업을 안내하는 등 '환경교육은 앎이 아니고 실천이고 행동이다'며 교육현장의 실천교육을 당부했다.

필자는 종이봉투를 붙여서 사용했던 어린시절을 기억한다. 이후 비닐봉지가 쏟아졌을 때 모두가 편리하다고 여기며 좋아했던 것도 생각난다. 비닐의 환경문제를 알고 나서는 어디서나 쉽게 구할 수 있는 비닐봉지가 걱정이 되기도 했었다. 비닐을 이용하여 이중삼중으로 지나칠 정도의 화려한 꽃다발 포장을 해주던 시대도 거쳐왔다. 그 당시 장식 없이 꽃을 다발 째 사들고 가는 외국 사람들의 문화를 접하며 우리도 그런 건 배워야 되지 않을까 하는 생각이 들기도 했다. 돌아보면 플라스틱 오염의 선두주자라 불리는 비닐을 무분별하게 사용한 시절이 너무 길었다는 생각이 든다.

　코로나19 팬더믹은 길라잡이 없는 광활한 우주 공간에 우리를 순식간에 내몰며 삶에 큰 변화를 가져왔다. 이제는 우리 스스로 예측 가능한 미래를 앞서서 끌고 가는 변화가 필요하다. 각종 팬더믹은 기후변화의 모든 결과로 만들어진 것이라고 한다. 점점 뜨거워지는 지구의 열을 내리기위한 생활 속 작은 실천인 '에너지플라스틱다이어트' 운동이 사회적으로 확산되어 생활 속 깊숙이 뿌리내리길 바란다.

경남일보 2021년 6월 22일자

수처작주(隨處作主)

얼마 전에 오랜 시간 지기를 다져온 벗이 필자가 사는 지역으로 이사를 왔다. 30년 전의 추억을 소환하는 반가운 일이었지만, 코로나19로 인해 사적 모임을 거의 배제하고 지내는 상황이라 그를 환대하는 모임은 아직 갖지 못했다. 가까운 곳이라도 그저 온라인을 통해 환영인사를 나누며 실로 오랜만에 젊은 시절 함께한 글벗들과 소통하고 자잘한 행복감에 취했다. 온라인 소통을 위해 카톡방을 열다가 글벗들 중 평소 존경하는 교수님의 프사에 소개되어 있는 '수처작주(隨處作主)'라는 한자어를 발견했다. 그 의미가 새겨볼 만하여 여기 소개하고자 한다.

수처작주는 당나라의 스님이었던 임제 선사가 남긴 말로 '어느 곳이든 가는 곳마다 주인이 되어라.' 즉 '주인의식을 가지고 현재에 충실하라'는 의미로 풀이된다. 이 말은 주인의식을 갖지 못할 때 생기는 나태를 경계하는 말로도 볼 수 있다. '지금 서 있는 곳이 곧 진리다.'는 입처개진(入處皆眞)과 함께 '수처작주 입처개진(隨處作主 入處皆眞)'으로 많이 쓰인다.

'머무르는 곳마다 주인이 돼라. 지금 있는 그곳이 진리의 자리다'는 것은 어떤 상황에 놓이더라도 주체적으로 생각하고 창의적으로 행동하면 그 자리가 행복을 가져온다는 의미이다. 주변 환경이 어렵더라도 자신이 만족하여 사는 곳이 제일이라는 것까지 의미를 확대해도 무리가 없을 것이다. 자신에게 주어진 조건을 긍정적으로 받아들이라는 긍정적 사고와 유명한 라틴어 시구 카르페디엠(Carpe diem)과도 일맥상통한다. 좀 더 깊이 새겨보면 성경의 '오리(五里)를 가자고 하면 십리(十里)를 가줘라', '왼뺨을 때리면 오른뺨도 내주라'는 말과도 의미가 닿아있는 것을 알 수 있다.

수처작주를 기억하며 어느 곳에나 주체로서 책임감을 가지고 일을 하는 주인의식을 갖는다면, 그 사람이 속한 단체나 조직은 발전할 것이다. 주인이 된 마음자세는 환경 탓 남탓과는 거리가 멀다.

우연히 만난 '수처작주'는 정신을 번쩍 들게 한다. 설정한 꿈의 방향이 다소 흐트러진 시점에 놓인 필자에겐 새로운 터닝포인트를 갖게 해주는 말이다.

지금 코로나19로 지친 현대인에게 꼭 필요한 것은 마음공부로 보인다. 누구든, 자신의 꿈을 위한 작업에 앞서서 마음공부를 챙기는 것이 중요한 시점이다. 인터넷 검색 중 [걷고의 걷기일기]에서 의미 있는 구절을 또 발견한다. '수행의 목적은 상황에 끌려다니지 않고, 어떤 상황 속에서도 자신이 주인이 되는 것이다. 이것이 바로 수처작주다.'

경남일보 2021년 5월 26일자

노랑제비꽃 하나를 피우기 위해선 숲이 통째로 움직여야 한다

　오랜 준비기간을 마치고 지난 주말 '깜냥깜냥발명뽐내기잔치' 세부계획이 각급학교로 전달됐다. 코로나 19로 인해 취소된 '경남학생과학발명품경진대회'의 대체사업으로 어려운 여건 속에서 시작하는 행사이니만큼, 경남 발명과 창의력 교육에 열정적으로 헌신해 온 담당연구사의 철저한 준비와 도내 발명과 창의력 교육분야 초중고 전문가집단 교원들의 충분한 검토과정을 거쳤다.

　이 행사는 학생들이 온라인으로 연구결과물을 제출하는 형태이다. 참가부문은 발명아이디어, 발명만화, 창의적 문제해결의 세 분야이며 참가자격은 경상남도 초중고 재학생과 청소년이다. 경상남도교육청 과학교육원 홈페이지에 회원으로 가입한 후 참가가 가능하다. 서류제출 마감은 10월 8일까지로 자세한 내용은 경상남도교육청 과학교육원 홈페이지 공지사항에서 문제제시 영상과 함께 확인할 수 있다. 결과는 부문별, 학교급별 제출된 작품의 수준을 고려하여 200편의 우수 작품을 선정하고, 참가확인서와 함께 소정의 상품을 증정할 예정이다. 우수 작품 중 각 부문별 40작품은 자료집으로도 발간할 계획을 갖고 있다.

2학기엔 어쩌면 정상 수업을 할 수도 있을 거라고 기대를 모은 것도 잠시, 한순간 방심하면 무섭게 휘몰아치는 코로나광풍은 가히 위협적으로 현실 속에 파고들어 있다. 반복되는 꿈같은 현실 앞에서 지금 우리 아이들은 무슨 생각을 하고 있을까!

호기심이 많고 지루함을 견디기 힘들어하는 아이들을 위해 지금은 새롭고 다양한 학습 경험들이 필요한 시점이다. 이러한 때에 열과 성을 다하여 제공한 '깜냥깜냥발명뽐내기잔치' 같은 행사가 다소 자루한 환경 속에 놓여있는 우리 아이들에게 유의미한 행사가 될 수 있도록 각급학교와 학부모의 보다 적극적인 안내와 참가독려가 필요하다고 여겨진다.

아이들은 어떠한 계기로 스스로 동기부여가 되면 폭풍적으로 성장한다. 우연히 읽은 책을 통해서나 행사나 각종대회의 경험 속에서 성취감과 자긍심을 갖게 되고 삶을 설계하는 동기부여의 계기가 마련될 수 있다. 좀 더 다채로운 학습경험으로의 안내 필요성이 여기에 있는 것이다.

힘든 현실이지만 끊임없이 성장해 나가야 하는 우리 아이들을 위해 우리 모두가 손발을 맞추어 나가야 될 것이다. 반칠환 시인의 싯구가 떠오른다.

'노랑제비꽃 하나가 피기 위해 /숲이 통째로 필요하다/우주가 통째로 필요하다/지구는 통째로 제비꽃 화분이다.'

경남일보 2020년 9월 8일자

라온제나를 위하여

　코로나19가 다시 고개를 치켜드는 모양새가 심상치 않다. 바뀐 생활양식이 고착화 될 우려에 놓여있다. 폐 뿐 아니라 심장도 섬유화시켰다는 두려운 보고도 나온 마당에 완벽한 백신 개발 전엔 예전과 같은 생활로는 돌아갈 수가 없을 것 같은 불안감이 앞선다.

　바이러스로 인한 미래사회 질병 형태의 부분적인 예견들은 이미 있었다. 그러나 한순간 쓰나미처럼 밀려온 이 바이러스 공포는 우리 모두의 생활방식을 획기적으로 바꾸어놓았다. 어디든 자유롭게 여행하고 누구든 편안하게 만나며 생활하던 그 때를 이젠 다시 기다리며, 견디고 적응해가는 모양새다. 예전의 생활로 다시는 돌아가지 못할지도 모른다고 우려하는 목소리에 귀를 기울이거나 또 다른 제2, 제3의 바이러스들을 떠올리는 것 등은 정신 건강에 도움이 되지 않는다. 하지만 코로나19로 변화된 사회의 생활모습과 교육방식이 미래사회의 생활양식으로 자리 잡을 가능성을 열어두고 이러한 가운데, 나 자신의 행복을 찾을 수 있는 생활패턴을 만들어 나가야 할 것 같다는 생각이 든다.

'라온제나'는 '즐거운 나'라는 순수 우리말이다. 지금은 자유가 다소 속박되고 누에가 실을 토하여 만든 집에 갇혀있는 것처럼 옴짝달싹하기 힘든 어려운 시대 상황에 놓여 있지만 이 위기를 하루 속히 기회로 전환해야 된다. 코로나19의 긍정적 효과로 인터넷에 올라 있는 글 순위가 일하고 싶은 간절한 소망, 독서, 자연에서 여유롭게 산책하기였다. 독서 대회 등 공모전 형식으로 나와 있는 각종 대회 홍보물과 더불어 눈길을 끈다. '러쉬'를 쓴 미국의 베스트셀러 작가이자 경제학자인 토드 부크 홀츠는 '행복은 휴식과 여유에서 오는 것이 아니고 경쟁을 통해 온다'라고 말했다. 나 자신을 마주할 수 있는 긴 시간으로 주어진 끊임없이 반복되는 일상과 경쟁 사회에서 홀츠의 이 말을 되새겨보는 것도 크나큰 도움이 될 것이다. 경쟁의 대회보다는 발표 축제에 의미 부여를 하는 목소리들도 많지만 현대사회의 경쟁력을 갖추게 하는 대회 경험 부여의 의미 역시 결코 간과해서는 안 될 진취적인 교육적 요소로 보여진다.

세계적인 동기부여가 브라이언 트레이시는 '성공은 내가 좋아하는 일을 내가 좋아하는 사람들과 내가 좋아하는 방식으로 진행하는 것을 말한다'고 했다. 힘든 시기지만 나 자신을 들여다보는 시간을 늘여, 지금 바로 내 인생의 성공을 설계하는 시간으로 전환하여 진정한 '라온제나'가 되어야 될 것이다.

경남일보 2020년 7월 7일자

한류 열풍

'한류'라는 단어는 1990년대에 우리 문화의 영향력이 다른나라에서 급성장함에 따라 생긴 합성신조어로서 특성 또는 독특한 경향을 뜻하는 접미사 '~류(流)'에 한국을 뜻하는 '한(韓)'을 붙인 것이라고 한다. 이는 우리의 대중문화가 주로 아시아를 중심으로 외국에서 대중성을 가지게 되는 것을 일컫는 용어로 한국과 관련된 것들이 대한민국 이외의 나라에서 인기를 얻는 현상을 뜻한다. 한류에 해당되는 대한민국의 문화는 K-pop, 한국가요, 드라마, 한국어, 스마트폰, 자동차, 한식, 대한민국 게임, 애니메이션, 웹툰 등을 들 수 있다.

진주교대 한국어교육전공 대학원생이 주축이 되어 결성한 두류한국어교육학회는 한국어의 세계화를 위해 해마다 2

회씩 한류열풍이 부는 나라를 찾아가 해외학술대회를 개최하고 있다. 한국어교육실습 및 논문 발표를 비롯하여 한국어 확산에 주력하고 있는 모습이다. 지난 해 여름 러시아 하바롭스크 한국교육원에서 가진 학술대회에 이어 지난 1월에는 태국 우텅학교에서 학술대회를 성황리에 잘 갈무리했다. 우텅학교는 전체학생 가운데 400여명이 한국어를 배우고 있다. 학생들은 진주교대 대학원에서 한국어를 전공한 뒤 그 학교에 파견된 한국어교사로부터 익힌 태권도와 부채춤을 선보이며 학회참가자들을 뜨겁게 환영했다.

 한류열풍으로 인해 한국인을 좋아하며 한국어를 배우려는 외국학생들의 호기심으로 반짝이던 눈망울과 진지한 태도는 교육실습에 참여하는 이들을 가슴 뭉클하게 만들기에 충분했다. 가르치고자 하는 열정과 배우려는 열망이 만나 '감동을 주는 교육'이 이루어짐을 느끼게 되는 해외학술대회는 매번 참가자들을 감동의 도가니로 몰고 간다. 순수하고 정감어린 따뜻한 환대 속에 국민적 자존감과 자부심을 높여주는 한류열풍이 고스란히 전해진다.

 광대역 취재감각을 갖춘 현장기자 5명이 아시아 현장을 생중계하며 엮어낸 '한류의 비밀' 책에 외국사람들이 바라볼 때 한국 사람은 좀 다르다는 인식이 깔려있더라고 밝히고 있다. 한국인 특유의 강한 성취욕구와 인적자원의 우수성 그리고 잠재된 문화적 역량 등이 한류를 이끌고 있다고 분석한다.

한류열풍의 지속을 위해 한국문화와 한국어 보급에 힘쓰고 있는 행보에 뜨거운 박수를 보내야 할 것이다.

경남일보 2020년 2월 5일자

걷기를 생활화하자

　새해 첫 월요일부턴 자가용 대신 버스를 이용하며 주차장 오가는 길은 걸을 것이라고 다짐을 해서 일찌감치 우산을 챙겨들고 집을 나선다. 빗방울과 함께 알싸한 공기가 몸에 와 닿는다. 새해의 다짐을 실천하는 날이 하필이면 가장 춥다는 '소한'인 줄 학교에 도착한 뒤에서야 알게 되었다. 절기의 이름으로 보아 대한(大寒) 때가 가장 추운 날로 되어 있지만 우리나라에서는 소한 때가 가장 춥다고 한다. '대한이 소한 집에 놀러 갔다가 얼어 죽었다.'는 속담도 있다.

　새해를 맞이하면 너나할 것 없이 보다 나은 내일을 꿈꾸려는 작은 소망을 품고 다짐을 한다. 필자는 '걸어야 산다'는 문구를 기억하려고 애쓰며 출근길부터 가능한 걸어서 가려고 한다. 새해벽두부터 오랫동안 축적된 틀린 자세에서 오는 척

추, 목, 어깨 등의 뒤틀림으로 당장 '바른 자세로 걷기'를 습관화하지 않으면 안될 것 같다는 생각이 들었기 때문이다. 따로 시간 내어 걷기를 실행한다는 것은 쉽지 않은 일이라 출근길부터 버스타기를 계획하며 주차장으로 오가는 길목에선 걷기를 실행하려는 것이다. 건강의 적신호에 따른 마지노선의 계획이라고도 할 수 있다.

 필자 스스로 2019년도에 가장 잘한 일을 떠올려보면 늦은 나이에 새로운 앎을 쫓아서 다시 석사과정에 들어간 것이고 또 하나는 그곳에서 '두류한국어학회걷기모임'을 제안하여 창설한 것을 꼽는다. '두류한국어걷기모임'에서 제9차로 지난 토요일 다솔사 물고뱅이마을 둘레길과 보안암 길을 걸었다. 솔방울과 솔잎이 파란 하늘에 촘촘이 박혀있던 장관과 빼곡한 소나무 숲길은 일에 찌든 삶을 재충전하게 했다.

 누구나 알고 있지만 꾸준히 실천하기 어려운 '걷기'는 건강에 이롭다는 일반상식적 견해를 넘어서서 오랜 세월을 무심코 흘려보내고 나서야 다시금 확연하게 깨달아지는 건강관리법으로 다가온다. 도내 각 걷기모임 단체가 대폭적으로 늘어나고 있다. 아주 바람직한 현상으로 보여진다.

 운전하면서 보지 못했던 차창 밖 풍경들이 버스 안으로 새삼스럽게 다가온다. 운전에서 신경이 벗어나니 얽혀있던 업무들을 머릿속에서 풀어낼 여유도 덤으로 얻게 된다. 주차장에서 내려 걸으면서 문득 묵묵히 자신에게 주어진 일에 최선을 다하며, 남이 알아주지 않아도 서운해 하지 않고, 자신을 낮추고 받들며 살아가는 발의 일생까지도 짚어보게 된다. 조용한 사색의 길목이 된다. '승용차 대신 걷고 버스로 출퇴근하기'는 탁월한 새해의 다짐으로 보인다.

경남일보 2020년 1월 7일자

감동을 주는 교육

지난 25일 필자가 근무하고 있는 학교는 '전국119소방동요 경연대회에서 최우수상'을 획득했다. 교육부 후원으로 한국소방안전원이 주관하고 소방청이 주최하여 충남대학교에서 실시한 '제20회 전국 119소방동요경연대회'에서 19개 팀 중 전국 2위인 '최우수상'을 수상한 것이다. 이것은 음악특기자로서 합창부 운영을 자처하는 지도교사가 매해 합창부를 조직 운영하여 평소 합창부를 열과 성을 다하여 야심차게 이끌어 온 결과물의 하나였다.

합창단 아이들은 "최우수상 상금을 150만원이나 받게 되어서 깜짝 놀랐어요. 우리 합창부가 전국 2등이라니 하늘을 날으는 것 같아요. 합창을 하니 기분도 좋고 마음이 예뻐지는 것 같아요. 무대에 자주 서니 자신감도 생기고 나쁜 생각이 사라지고 모든 게 긍정적인 마음으로 바뀌는 것 같아요…"라며 상기된 목소리로 참가한 소감을 나타냈고, 학부모는 "아이가 합창부에 들어가더니 표정이 많이 밝아졌습니다. 매일 노래를 흥얼거리고 다니고요. 합창부 활동으로 학교생활이 재미있고 행복하다고 합니다."라며 감사의 말을 전해왔다.

특기와 열정을 지닌 한 교사가 합창지도를 통해 자칫 삭막해지기 쉬운 아이들을 감성의 숲으로 이끌어 '기적의 오케스트라 엘 씨스테마 효과'로 아이들의 가슴 한켠에 긍정적 팡파레를 울려 퍼지게 하고 있는 모습들이다.

교단에서 30년을 넘기고 나니 '우리 아이들의 가슴에 남겨줘야 할 교육의 흔적은 어떤 게 가장 소중한 가치를 지니게 될까' 하는 생각을 하며 되돌아보게 된다. 필자의 교육적 행보에서 느껴온 최고의 가치는 '참된 인성의 바탕에서 자신감, 자긍심을 얻어 자아존중감을 갖게 하는 것'이었다. 해내기 어렵다싶은 일을 힘을 모아 성취해냈을 때야말로 가슴 뜨거워지는 감동 속에서 희열과 보람 그리고 함께 해낸 친구들의 소중함을 알게 되고 자긍심을 갖는 아이로 거듭나게 되는 것이다. 그런 경험을 가진 아이는 닥치는 어떠한 과제나 장애물 앞에서도 당당하고 자신만만하게 대처해내는 것을 종종 볼 수 있다. 필자는 과학, 음악, 문학 크게 세 분야의 대회 체험장으로 아이들을 이끌어왔다. 창의력대회, 관악 및 기악합주대회, 그리고 각종 문예대회 지도에 매진한 교단생활이었다. 모험과 도전정신을 즐길 수 있는 과학과 극예술의 결합대회인 창의력챔피언대회, 무에서 유를 창조하는 신비로운 관악이나 기악합주의 세계 그리고 마음속에 잠재되어 있는 끼를 끌어내는 백일장대회 등 여러 대회를 통한 교육적 체험은 짧은 시간에 아이들을 급성장시킨다는 걸 깨닫게 해줬다.

감동을 주는 교육의 효과는 아이들을 통해 기대이상으로 돌아온다. 한 교사의 날갯짓은 아이들의 성장에 엄청난 나비효과를 가져올 수 있다. 이런 교사들이 행복하게 자신의 신념을 교육현장에 반영할 수 있도록 제도적으로 지원하는 교육행정 전문가가 되고 싶은, 깊어가는 가을이다.

경남일보 2019년 10월 8일자

하바롭스크 한국교육원에서 열린 제28차 국제 학술대회

　진주교육대학교 교육대학원 한국어교육전공 교육실습 및 제28차 국제 학술대회가 이달 초 러시아 하바롭스크 한국교육원에서 열렸다. 교육실습 연수회에서는 하바롭스크 한국교육원 현지교사 12명 외에 인근의 한국어교사들이 합류하게 되어서 총 19명이 교육실습의 대상자가 되었다. 두류한국어교육학회 국제학술대회는 1부에선 하바롭스크 한국교육원 이병만 원장으로부터 '하바롭스크 시 고려인 후손의 삶과 한국어교육 방안'에 대한 특강과 한국어를 쉽게 가르치는 방법을 보여주는 수업실습이 있었으며, 2부는 대학원 2학년 4명의 논문발표 및 토론시간으로 이어졌다.

　하바롭스크 한국교육원은 1997년 우리 교육부에서 설립한

기관으로 재외동포와 러시아인들을 대상으로 한국어, 한국역사, 한국문화에 대한 교육을 실시하고 지원하고 있는 곳이다. 하바롭스크 유일한 대한민국정부기관이란 특성 때문에 매우 제한적이긴 하지만 실질적으로 주 하바롭스크대한민국영사관으로써의 역할도 겸한다고 한다. 일본, 중국, 북한까지도 영사관이 있는데 고려인이라 불리우는 재외동포들이 1만명 가까이 거주하고 있는 곳인데도 우리 영사관이 없다고 하니 일상생활에 불편을 겪고 있을 우리 동포들의 현실이 가슴 아프게 다가왔다. 경남에서 교직생활을 하다가 2018년에 파견 간 하바롭스크 한국교육원 이병만원장은 한국교육원에 최근 한-러 교류가 늘어나고 한국에 대한 관심이 증가함에 따라 기존의 대상인 고려인 재외동포 수강생뿐만 아니라 러시아 현지인 수강생도 많이 늘어나고 있는 상황을 설명했다. 강제이주 역사의 후손인 고려인들도 모국을 기리며 모국어를 배우기 위해 뿌리를 담그고 있어서 더욱 한국교육원 운영에 최선을 다하고 있다며 가슴 뭉클한 얘기들을 전해왔다.

일제 때 만주로 간 사람들은 조선족이고 연해주로 간 사람들은 고려인인데 고려인은 스탈린이 시베리아 일대에서 전개되는 한인들의 항일 독립운동이 일제를 자극, 이를 빌미로 전쟁을 일으킬 가능성을 우려하며 강제 이주시킨 우리 동포들이다. 한국교육원을 찾아서 블라디보스톡에서 하바롭스크를 향해 시베리아횡단열차에 탑승하여 밤새 달릴 때 개, 돼

지처럼 기차에 실려 끌려가며 눈보라치는 시베리아 땅에 2만 명 시체를 묻고 가야했던, 일제로부터 나라를 빼앗기고 유리걸식했던 동포들의 비참했던 과거가 다가와서 쉽게 잠을 이루지 못했다.

　한국어교육 수업 연수회에 참석하기 위해 3시간 비행을 해서 찾아 온 러시아 극동지방 캄차가 반도에 위치한 캄차트카 엘리조보 문화학교의 홍춘옥선생님의 자세는 실습에 참여한 대학원생들이 열과 성을 다한 수업을 하게 했다. 이번 국제학술대회는 우리가 잊고 있었던 우리 민족의 현대사에서 가장 비극적인 사건인 17만 2000여 명이 길을 떠나 2만여 명이 죽어간 강제이주의 시베리아횡단열차 경로 중 일부를 체험하며, 우리 동포인 고려인을 새삼 떠올려보게도 된 뜻깊은 교육실습 및 학술대회로 갈무리됐다.

경남일보 2019년 8월 6일자

2부

전문적 치유가 필요한 아이들이 늘고 있다

　아이는 오늘도 오전동안 두 차례나 학교 담장을 뛰쳐나갔다. 오늘의 이유는 재능기부 강사들과 재미있게 수업을 하곤 게임에서 자기 모둠이 졌다는 것 때문에 한 차례, 바꾼 짝지가 마음에 안 들어서 또 한 차례였다. 학교는 한바탕 소동이 벌어졌다. 20여명의 아이들을 맡고 있는 담임교사는 몸이 몇 개라도 모자랄 지경이 되어 상담교사와 배움터지킴이, 교감, 교장까지도 툭 하면 학교 밖으로 뛰쳐나가는 아이를 쫓아다니느라 일시에 학교업무 마비가 되기도 한다. 갈수록 독특한 성향을 나타내는 아이들로 이 시대의 학교현장은 이런 일이 비일비재하고 뚜렷한 대책도 없이 반복되고 있는 실정이다. 이렇게 무방비의 극치를 보이는 아이들은 교직 30년이 넘은 필자도 다루기가 좀처럼 쉽지 않다. 영악하고 공격적이며 함부로 진단할 수 없는 독특한 성향들이 나타나 정신과에 가서 전문적 상담을 받아보라고 권하고 싶지만, 이를 받아들이는 학부모의 태도를 보면 전문상담교사조차도 학부모에게 직언하기 어려운 경우가 많다.

필자는 지난 해 정신적으로 아주 심각하게 병들어 있던 아이를 맡아서 어렵고 힘든 한해를 보내며 최선의 노력으로 아이의 상태를 변화시킨 경험이 있다. 정신과 의사마저도 고개를 흔들던 그 아이의 고착화된 상태가 대폭적으로 호전된 건 담임교사와 컨설팅 전문상담교사, 학교장 그리고 아이 엄마, 모두가 한마음이 되어 아이를 위해 최선의 노력을 다한 결과였다.

아이의 상태를 어느 정도는 알면서도 '우리 아이는 예민하지만 틀리지가 않으니 담임선생님이 아이 마음을 잘 살펴주고 컨트롤을 잘하면 된다' 라는 식으로 학교에만 떠넘기는 학부모는 아이가 정신적으로 문제가 있어 보인다는 것을 좀체 인정 하지 않는다. 심지어 정신과를 들먹이기만 해도 명예훼손이라며 조언을 받아들이지 않는 학부모도 부지기수다. 문제 아이 뒤에 문제 학부모가 있다면 아이의 치유를 기대하긴 힘들다. 열린 자세로 겸허하게 귀를 기울이며 주변의 조언을 받아들이는 것이 내 아픈 아이를 치유해가는 첫걸음이 되는 것이다.

층간소음으로 흉기를 휘둘렀다는 기사가 또 일간지 1면을 장식한다. 조현병, 싸이코패스 등이 이슈로 떠올라 있는 지금이다. 이런 뉴스들을 접하면 갈수록 조그만 것도 참아내지 못하고 폭발과 일탈을 삼는 학교현장의 치유가 필요한 아이들이 떠오른다.

"어른이 되어서 힘이 생기면 칼로 엄마부터 찔러죽일 거예요."

이런 아이를 맡아있을 때 필자의 자녀들은 그 아이의 살생부(?)에 엄마가 오를라 매일 걱정이었다. 어디서부터 어떻게 짚어나가야 될까! 다함께 살펴보고 대책을 강구해야 될 사회적 문제이다.

경남일보 2019년 5월 7일자

에스페란토(Esperanto)

 '함께 펼쳐갈 아름다운 꿈과 신세계로의 여행이 기대되는 봄날입니다.' 에스페란토 경남지부 밴드에 가입인사로 올라온 신입회원의 글이다. 이순이 다 된 나이에 또 다른 새로운 꿈을 펼쳐본다는 것은 어떤 의미를 가질까!

 '지구상의 인류는 한 가족', '국경과 이념과 인종을 초월하여 모든 인류가 한 가족처럼 사이좋게 지내자'는 의미가 들어있는 '세계화' 시대에 맞게 급부상되는 '에스페란토'가 눈길을 모은다.

 에스페란토는 '희망하는 사람'이라는 뜻으로 국제적인 의사소통을 쉽게 하고 평화를 증진하기 위해서 만든 국제 공용언어이다. 유럽언어를 기초로 정리 재편하여 계획적으로 태어난 독창적 특징을 가진 언어이다. 130년 전 처음 만들어졌는데 지금은 300만 명 이상의 사용자가 있다고 알려져 있으며 꾸준히 늘어나고 있는 추세이다.

세계 에스페란토 협회(UEA)는 121개국에 걸친 회원을 자랑하는 세계 최대의 에스페란토 관련 비정부 기구이다. 로테르담에 본부를 두고 있으며 70개국의 에스페란토협회로 이루어져 있다. 우리나라에도 협회가 있는데 사단법인 한국에스페란토협회는 에스페란토를 통한 국제 민간 교류를 증진시키고, 에스페란토를 보급하며, 나아가 한국을 전 세계에 널리 알리는 것을 목적으로 한다.

정기적으로 각 나라별로 매우 많은 에스페란토 행사들이 열린다. 세계에서 가장 큰 에스페란토 행사로 매년 '세계 에스페란토 대회'가 열리는데 서로 다른 나라를 돌아다니면서 개최된다. 일종의 학회나 축제 및 여행 등 다양한 성격이 혼합된 형태로 짧게는 하루, 길게는 일주일 정도의 기간 동안 열리는 문화행사이다. 이 행사는 1905년부터 세계대전 관련 시기 외엔 현재까지 꾸준히 열리고 있는데 지역 안배 때문에 해마다 다른 대륙에서 열리는 것이 일반적이고 올해는 핀란드에서 개최될 계획이다. 우리나라에서도 1994년과 2017년 두 번 개최되었다고 한다.

한국에스페란토협회(KEA)에서도 한국대회를 개최하는데 보통 10월 어느 주말 토·일요일 2일간 진행된다. 강습회, 강연회, 콘서트 등 다채로운 프로그램이 진행된다.

세계화로 인해 매우 다양한 측면에서 변화하는 사회 속에서 우리는 이에 적절히 대처할 필요가 있다. 지구촌 곳곳에서 일어나는 일에 관심을 갖고 문화적 인종적 편견을 없애는 등 세계화에 알맞은 가치관을 정립해야 하며 세계 시민의 자질을 갖추어야 한다. 컴퓨터 능력 뿐 아니라 의사소통을 위한 외국어 능력이 필수로 떠오르는데, 보다 쉽게 만들어져 있는 에스페란토는 세계가 하나의 사회, 세계친구가 되기 위한 언어라서 세계화 시대에 주의를 끌고 있는 모양새다.

경남일보 2019년 4월 9일자

궁즉통(窮則通)

'궁즉통'이란 '궁하면 통한다'는 뜻으로 주역에 나오는 말이다. 아무리 어려운 경우에 처하더라도 살아나갈 방도가 생긴다는 뜻으로, 어떤 상황이든 빠져나갈 구멍이 있고 시간이 지나면 해결이 된다는 것을 의미한다. 지푸라기 하나 잡을 것이 없어 해결될 희망조차 없었는데, 좌절과 절망 속에서 삶의 모든 걸 놓으려할 때 삶의 의미를 부여할 무언가가 불현듯 나타나는 것이다.

우리네 삶은 도처에 장애물이 도사리고 있다. 노력한 만큼 결과가 주어지지 않는 취준생들은 퀭한 눈으로 삶의 방향성을 잃고 헤매고 있고, 성실하게 최선의 노력을 다해도 폐업을 앞두고 있는 자영업자들, 심지어 믿었던 친구의 배신으로 고통과 좌절의 나락에 떨어져서 때늦은 후회와 분노로 삶을 망가뜨리는 일이 있는가 하면, 낮은 자세로 끊임없이 노력하며 선하게 살아도 삶은 예상치 못한 방향으로 흘러가기도 한다. 주변을 돌아보면 힘든 사람들이 너무 많다. 벼랑 끝으로 내몰린 사람들도 많다.

 올해 국내외 경제전망은 작년과 마찬가지로 녹록치 않은 해가 될 것 같다고 한다. 연초부터 '우울한 대졸자 정규직 취업률은 10명 중 1명뿐'이라는 중앙지 기사제목도 보인다. 새해를 맞이하여 소망이 이루어지기를 기원하는 목소리가 갈수록 높아만 간다. 올해만큼은 황금돼지해의 이름이 무색하지 않기를 바라는 간곡한 심정이 느껴진다.

 사람이 죽으란 법은 없다고 한다. 어려운 상황에서 이 길이 아니면 저 길을 모색해보고 이 방법 저 방법을 찾다 보면 반드시 출구를 발견하기 마련이다. 살다보면 답이 없어 보이는 일이 비일비재하지만 답은 반드시 있는 법이다. 그래서 어떤 고난이 닥치더라도 주저앉지 않고 노력한다면 그 궁함은 반드시 통함으로 이어진다고 하는 것이다.

 2월은 동토의 땅에서 얼음장을 뚫고 얼굴을 내미는 얼음새꽃을 떠올리며 또다시 힘을 내야하는 달이다. 평균기온이 오르면서 한반도에서 가장 먼저 봄소식을 알리는 가덕도의 복수초 소식이 올해는 20여일 빨리 들려왔다. 몹시 어려운 처지에 이르게 되면 도리어 해결할 길이 생긴다는 말인 '궁즉통'을 머릿속에 되새기며 현재 마음의 밑바닥에 가라앉아 있는 이들에게 또 다른 희망을 떠올려보길 권하고 싶다. 정호승 시인의 '봄길'을 들려주고 싶은 2월이다.

 길이 끝나는 곳에서도/길이 있다/길이 끝나는 곳에서도/길이 되는 사람이 있다/스스로 봄길이 되어/끝없이 걸어가는 사람이 있다//강물은 흐르다가 멈추고/새들은 날아가 돌아오지 않고/하늘과 땅 사이의 모든 꽃잎은 흩어져도//보라/사랑이 끝난 곳에서도/사랑으로 남아 있는 사람이 있다//스스로 사랑이 되어/한없이 봄길을 걸어가는 사람이 있다.

경남일보 2019년 2월 12일자

이제는 교권을 바로 세워줘야 할 때다

　요즘 아이들은 듣기 좋은 말들만 들으려한다. 담임선생님이 좋은 분이라고 인정을 하면서도 훈계는 그저 잔소리로 치부해 버리고 만다. 훈계를 받는 것은 길을 잘 아는 사람에게 안내를 받는 것과 같은 건데 일깨우는 것조차 쓴 소리로 받아들여 인기 있고 평가를 잘 받는 선생님이 되려면 입을 거의 다물고 달콤한 말만을 해줘야 한다.

　학교는 규율이 있는 작은 세상이다. 선생님과 친구들을 통해 세상을 배우기 시작하는 곳이다. 수업을 듣지 않아도, 떠들며 다른 아이들을 방해해도 훈육하지 못하게 입조차 묶인 선생님과 짜증나면 서슴치 않고 선생님께 굴욕적인 언사를 내뱉기도 하는 등 마음 내키는대로 행동하는 아이들이 속출하고 있다.

가끔 언론에 보도되는바와 같이 매 맞고, 욕먹는 교사가 늘고 있는 것이 작금의 교육현장의 실상이다. 교육부에서 내놓은 백서에 의하면 교권 침해 건수가 해마다 대폭적으로 늘어가고 있고 초등학교가 최근 5년 내에 세배로 늘어났다고 한다. 학생과 학부모로부터 받는 모욕과 명예훼손, 교육 활동을 부당하게 간섭하는 행위, 상해·폭행, 성적굴욕감과 혐오감 등 교권침해 사례는 일반 상식을 벗어나는 수준으로 비일비재한 세상이 되고 말았다.

전문가들은 교권이 떨어진 근본적 원인으로 교사의 권한 제한을 지적한다. 거기에다 교권 침해가 빈발하는 원인으로 아동복지법의 모호한 기준도 꼽는다. 아동복지법에 의하면 어떠한 훈육이든 학생이 두려움을 느꼈다면 학대가 될 수 있어 학생지도가 더욱 어렵다는 것이다. 아동복지법은 지난 2014년 아동 보호를 위해 개정됐는데 의도치 않게 아동학대로 몰리는 교사들이 생겨난 것이다. 아동복지법상 정서적 학대 규정이 명확하게 안 돼 학생이 피해를 조금만 주장해도 정서적 학대로 신고를 할 수 있다는 점이 문제가 됐다. 아동복지법의 본래 취지는 학생들을 보호하는데 있는 것인데 사소한 것들까지 학대로 모는 부작용이 빈발하게 된 것이다. 이로 인해 교사들은 과거보다 학생 생활지도가 어려워졌다며 생활지도 자체를 달갑게 받아들이지 않는다. 그리하여 아동복지법상 모호한 학대 기준을 명확히 해야 한다는 것과 실효성 없는 교권보호제도 개선 목소리가 들려오는 것이다. 교권이 바닥에 떨어진 상태에선 거친 아이들이 많고 민원횡포가 많은 학구의 교육은 무방비 상태가 되고 만다.

 겸손함 없이 자긍심만 높아지고 배려심과 참을성이 부족한 아이들이 많아진 현 교단에서 이 아이들이 주축을 이룰 향후 20년 이후에는 어떤 세상이 될는지 우려되기까지 한다. 교권확립은 결코 교사들만을 위한 것이 아니다.

경남일보 2018년 12월 4일자

학생 동아리 시집 '눈꽃'을 발간하며

　가을산은 지금 온갖 색채의 향연이 벌어지고 있다. 쪽빛 하늘 아래 온 산을 빨갛게 물들이고 있는 단풍나무, 노랗게 빛을 발하다가 발아래 노오란 양탄자를 선사하는 은행나무, 감나무에 주렁주렁 매달린 빨간 감들, 농촌의 들녘엔 바쁜 농부가 미처 거두지 못한 오미자 열매가 가지에 매달려 자연바람으로 마르고 농부의 손길을 기다리는 발갛게 익은 구기자도 줄지어 매달려 있다. 도심에 갇혀 있는 우리 아이들은 하루가 다르게 변모하는 가을산과 농촌의 들녘, 이에 따라 분주한 농부들의 모습 등 이러한 대자연 변화를 느끼며 지내고들 있을까. 운동장 여기저기에 함박웃음을 폴폴 날리며 뛰어다니고 있는 아이들은 어떤 생각을 하며 자라고 있을까?

　필자가 속해있는 학교는 올해 경상남도교육청이 주관하는

학생 인문 책 쓰기 동아리 공모사업에 선정되어 출판비를 지원 받고 시 쓰기동아리를 운영하며 습작한 아이들의 시를 모아서 시집을 엮게 되었다. 작품들을 하나하나 음미해보면 짧은 시간 큰 폭으로 성장한 아이들을 느낄 수 있다.

필자는 지난 3년간 산골벽지분교에서 근무하며 이 공모사업을 들여와서 세 차례 전교생시집을 낸 바 있다. 문화 소외지역인 산골의 아이들에게 시 쓰기 교육을 실시하여 천혜의 자연 속에 뛰어놀고 있는 아이들의 심성을 일깨우고 시심을 끊임없이 퍼올려주고 싶었다. 벽지분교에서 근무할 수 있는 3년 동안 이 일에 몰입한 결과 아이들이 여느 교육활동보다도 대폭 성장하였을 뿐 아니라 각종 시 쓰기대회 및 시 낭송대회에 능동적으로 참여하며 괄목할만한 성과들을 쏟아내는 것을 느꼈다.

지식 위주의 경쟁사회에서 살고 있는 아이들에게 시 쓰기 학습은 내면의 감성을 일깨워주는데 더할 나위 없이 좋은 교육이다. 4차 산업혁명 시대가 요구하는 심미적 감성역량과 창의적 사고역량을 위하여 꼭 필요한 교육으로 생각된다.

올해 시쓰기교육의 결과물인 학생 동아리 시집을 계절의 분기점에 내놓는다.

'난 숲이 되고 싶어//평화롭고 넓은 마음을 가진/착한 숲/여러 가지의 색깔로 가득 찬/아름다운 숲//들판에 누워 꽃향기를 맡으며 하늘을 보면/꽃과 하늘이 어우러져 하나가 되네//숲에선 자연과 친구 될 수도 있고/놀 친구도 많아 심심할 틈이 없어서/행복해.'

수록된 아이들의 시는 축제장에 매단 꽃모빌 모양의 가시오가피 열매처럼 아름답고 경이롭게 영글어있다. 아이들의 생각들이 그 속에 옥구슬마냥 촘촘히 박혀있다.

'화려한 꽃과 나무에 가려져 보이지 않는데도/희망을 잃지 않고/내 자리에서 밝게 뿌리를 내리네//추운 겨울날 누군가가 꼭 푸르고 예쁜 눈꽃을 보라고/지금도 홀로 바람을 맞이하네…'

아이의 '눈꽃' 시 부분이다. 아름다운 시심을 일구며 계절이 몇 번 바뀌고 나면 배려의 인간성을 갖춘 훌륭한 인재들이 배출될 것이라 생각된다. 시집제목은 수록 작품 중 이 '눈꽃'에서 따왔다.

경남일보 2018년 11월 6일자

정신질환학생 수급 대책마련의 필요성

 오늘도 아이는 등교직후부터 짜증을 부리고 고함을 질러댄다. 이번엔 엄마가 싫고 짜증난다는 이유였다. 20여명의 반 아이들이 지켜보는 앞에서 욕설을 하고 드러눕고 난동을 부린다. 반응을 하면 한다고 난리고, 안하면 무시한다고 난리치는 아이라 불똥이 어디로 튈지 모르니 이력이 난 아이들은 슬금슬금 눈치를 보며 숨소리마저 죽이고 있다. 거의 모든 게 남 탓으로 일관하고 교사고 교장이고 반말에다가 욕설과 패드립을 내뱉으며 뒤집어지는 이 무법자 아이로 인해 학교는 어찌 할 바를 모르고 쩔쩔맨다. 상상조차도 할 수 없는 교실의 풍경이 시도 때도 없이 재현된다.

 이 아이는 어릴 때 폭력적 가정환경 속에서 분노조절장애가 된 아이이다. 정신병원의 약물치료와 각종상담센터의 상담요법을 병행하며 담임과 학교는 각고의 노력을 해 와서 1학기 후반부엔 조금 나아진 듯 했다. 그러나 2학기에 들어 사춘기에 접어든 것인지 아이는 거의 매일 난동을 부리며 '내 인생은 실패작이다', '이번 생은 마감하고 말 거다.'라며 4층에서 뛰어내리려 하는 등 이젠 자살소동까지 벌인다…

'특수교육대상 제외의 정신질환학생 전문 병원학교 개설 사실상 차단되었다'는 올해 초 중부일보 인터넷 기사내용이 생각난다.

'정신건강을 전문으로 하는 병원학교의 필요성이 대두되고 있지만, 정작 경기도교육청이 교육부 관련 지침에 발이 묶여 실질적인 정신건강 병원학교 설립에는 나서지 못하고 있다는 내용이었다. 교육부 '특수교육 운영계획'의 해당 지침에서는 병원학교 대상자를 시각·청각·지체장애 등 만성질환 및 장애 학생으로만 규정하고 있으며 학생들이 겪는 조현병과 우울증 등 정신질환은 특수교육대상자 범주에 포함돼 있지 않은 실정이어서 관계 도교육청은 정신건강 병원학교 개설 필요성에 공감은 하면서도, 교육부 지침에 정신건강 치료 대상자들이 포함돼 있지 않아 관련 병원학교 개설은 어렵다는 입장이다.'

'병원학교'란 장기입원이나 통원치료로 인해 정상적인 학교

교육을 받을 수 없는 학생들을 대상으로 하는 학교인데 병원 내에 설치된 파견학급 형태의 학교로 전국 서른 두 곳의 병원에서 운영되어 신체 및 정신적 어려움을 겪고 있는 학생들에게 교육적 지원을 제공하고 있다. 이 중 교육부가 관리하는 '정신질환학생 전문 병원학교'는 전국에 세 곳이 있는데 학부모의 인식부재와 교육비 제외, 치료비 개인부담 등으로 입교 희망하는 학생 수가 적다고 한다.

현 사회의 학교엔 위와 같이 일반학생들과 함께 교육활동을 하기엔 위험할 지경인 정신질환 중증 아동들이 속출하고 있다. 이 아이들은 특수교육대상자가 아니어서 특수학급에도 갈 수가 없다. 특수교육대상자 범주 조정, 정신질환 전문 병원학교의 확대 및 재정지원과 홍보, 인식개선 등 정신질환 아이의 수급 대책마련이 시급한 문제로 대두되고 있다. 학교는 정신병원이 아니고 탁아소도 아니다. 교사들도 정신질환 전문의가 아닌 것이다.

경남일보 2018년 10월 2일자

학생창의력챔피언대회

 교실 재배상자에 심은 나팔꽃이 피고지기를 거듭하더니 금새 열매를 달아낸다. 그 옆의 해바라기는 키가 반 아이들보다 커져 오늘 드디어 동그랗고 노란 꽃을 피웠다. 봉숭아도 꽃을 피운지 오래되었고 바질 허브도 50㎝이상 훌쩍 커 올랐다. 방울토마토는 초록빛 방울을 달아서 스물 네 명의 아이들이 빨갛게 익기만을 손꼽아 기다리고 있다.

 지난 3월에 아이들과 함께 위의 다섯 가지 씨앗을 심어서 싹을 틔우고 나팔꽃 외 네 가지 모종을 재배상자로 옮겨 심었는데 이중 창 안 4층 교실에서 싱그럽게 자라난 것이다. 아이들은 싹을 틔우고 하루하루 꽃을 피우는 과정을 지켜보면서 우리교실이 화원 같다고 좋아하며 물주기를 자청한다. 주말을 지내고 오면 목이 마를 거라며 맨 먼저 식물들에게 물부터 챙긴다.

 문득 조그만 씨앗이 경이로울 정도로 교실 창문 벽을 빼곡히 채운 백여 일 동안 아이들의 내면은 얼마나 성장했을까 하는 생각에 머무른다.

 아이들은 학교의 다양한 교육과정 속에서 친구들과 더불어 성장을 거듭하고 있지만 자연처럼 확연히 눈으로 보여지지 않는 성장은 조바심을 갖게 한다. 각종 대회와 행사를 통해 아이들의 성장의 폭이 크다고 믿는 필자가 올해 명랑쾌활한 반 아이들을 지난 초봄에 창의력대회로 이끌지 못한 점은 두고두고 아쉽기만 하다. 창의력대회야말로 아이들의 역량을 최대한 끌어내어 짧은 시간에 대폭적으로 성장시키는 대회임을 오랜 대회 경험을 통해 몸소 느끼고 홍보해오고 있는데도 올해는 실천하지 못하게 됐다.

 경남학생창의력챔피언대회는 6월 대회를 마무리했고 이번 주 토요일에는 올해 전국대회에 참가할 경남대표 초·중·고 9개 팀의 컨설팅을 위한 창의캠프가 열린다. 경남 학생들의 역량은 재작년 전국 대상 수상으로 나타난 바 있다.

 특허청 주최, 한국발명진흥회가 주관하는 대한민국 학생창의력 챔피언대회는 이달 20일부터 22일까지 3일간 경기도 고양시 킨텍스홀에서 개최된다. 대회는 창작공연을 통한 창의성을 표현하는 표현과제와 과학원리를 이용한 구조물 등을 제작하는 제작과제, 즉석문제 해결능력을 평가하는 즉석과제 세 유형으로 실시되는데 자녀와 함께하는 뜻깊은 체험학습이나 여행을 계획한다면 이 축제 같은 대회의 견학을 권하고 싶다. 경남대회는 매년 3월에 대회홈페이지인 www.koscc.net와 발명교육포털사이트인 www.ip-edu.net에 공고된다.

경남일보 2018년 7월 3일자

인디고 아이들

'인디고 아이들'은 인디고(indigo)라는 개념을 국내에 처음으로 소개한 책이다. 이 책은 새 시대를 열 새로운 아이들에 관한 책이다. '새로운 아이들이 몰려오고 있다'라는 부제가 붙은 이 책은 요즘 아이들을 이해하는 데 색다른 시각을 제공한다. 이 책에서 일컫는 '인디고 아이들'은 새로운 시대를 예비하는 어떤 유형의 아이들을 가리킨다. 1980년대 이후에 태어난 아이들 대부분이 인디고라고 주장하는 이 책은 인류의 영적 진화에 대한 믿음에 기초를 하고 있다. 이러한 시각에 동의하지 않거나 낯설어 하는 사람이라도 귀 기울여 봄 직하다. 특히 학교생활에 적응을 잘 못하는 아이, 그 가운데서도 이른바 주의력결핍장애(ADD) 아이들을 이해하는 데 탁월한 지침서가 되어 줄 것으로 보인다.

학교현장에서는 '주의력결핍과잉행동장애(ADHD)'아동이 갈수록 많아짐을 느낀다. 주의력결핍 아동이 다 인디고인 것은 아니고 인디고라 해서 모두 그런 증상을 보이지는 않지만, 둘 사이에는 상당한 상관관계가 있다고 이 책은 말한다. 낡은 시대의 교육환경과 어른들의 의식 수준이 새로운 아이들과 불협화음을 일으키고 있다는 것이다. 주의력행동결핍장애 아이들로 오인 받는 인디고 아이들의 공통된 특징은 지나치게 에너지가 넘치고 금방 싫증을 내어 집중시간이 짧은 것처럼 보여지고, 탐구하며 배우기를 좋아한다고 한다. 창조성이 높고 의지가 강하지만 실패를 경험하면 배움을 포기하고, 계속되는 배움에 대해 벽을 쌓는 성향을 보이며 창조적 사고가 필요치 않은 틀에 박힌 형식을 참지 못한다고 한다. 이들은 어른들이 지닌 낡은 관념의 잣대로는 해석될 수 없는 놀라운 자질과 능력을 드러내면서 때로는 아주 낯선 삶의 방식을 펼쳐 보이는데 이러한 모습은 그들을 자칫 문제아로 보이게도 한다는 것이다.

교육현장에 임하는 교사로서 색다른 아이들을 바라보는 시각을 바꿔야 된다는 생각이 든다. 아이들을 제대로 도와줄 수 있으려면 아이의 있는 그대로를 볼 줄 아는 눈, 다시 말하면 제3의 눈을 가져야 한다. 교육현장에서 다소 거친 아이들을 만나 아이와 어떻게 관계를 맺으면 좋을지에 대한 지혜를 얻기 위해 한 때 TV 서프라이즈에서 인상 깊던 '인디고 아이들'을 찾아보던 중 '우리는 지금 진화의 변화 한가운데 있으며 인디고, 크리스탈, 레인보우 타입 아이들인 '뉴에이지' 아이들에 의해 주도되고 있다'는 줄글이 눈에 들어왔다.

 현대의 부모, 교사 노릇을 잘하자면 무엇보다 들을 줄 아는 귀, 볼 줄 아는 눈이 있어야 된다. 현대사회 속 인디고 성향과 다양한 빛깔을 내는 아이들을 '틀에 끼워 맞추는' 식을 멈추고 그들이 가지고 있는 새로운 에너지를 껴안고 새로운 시각으로 기성세대를 변환시켜 나가야된다. 섣불리 ADHD 같다고 치부하기 전에 인디고 성향을 보이는 아이들이 제대로 성장할 수 있는 비계설정이 필요하다.

경남일보 2018년 5월 8일자

생명력이 꿈틀대는 4월

본격적인 봄이 시작되는 4월이다. 매화에 이어 목련, 개나리, 진달래, 벚꽃이 춤을 추듯 피어나며 봄의 왈츠를 선사하고 있다. 새로운 생명을 잉태하는 봄꽃과 함께 봄의 향기가 사람들을 바깥으로 유혹하는 4월의 아침, 교문을 들어서면 아이들의 재잘대는 소리가 이른 아침 숲에서 들려오는 새 소리처럼 싱그럽기만 하다.

만상이 혹한에 갇혀있고 잔설에 덮여 있어도 푸릇푸릇한 보리 싹이 돋아나는 들녘을 살피며 2월은 어김없이 봄을 손짓했고 3월의 들녘은 아이들의 웃음소리와 함께 겨울잠을 털어낸 자연이 새 옷을 갈아입기 시작했다. 이에 뒤질세라 서둘러 4월이 빠른 걸음으로 이 땅을 찾아 왔다.

봄 향기 따라 이미 들녘에선 달래, 냉이, 쑥, 돌나물 등이 자연의 생명력을 머금고 돋아나기 시작하니 이윽고 머위, 부추, 땅두릅도 밥상에 오르기가 바쁘다. 모두들 겨우내 얼어붙은 동토 밑에서 강인한 생명력으로, 오래 참고 숱한 시련을 참아내며 우리들 곁을 찾아 온 것이다.

4월의 들녘은 성장 속도가 빨라진다. 봄의 전원을 지켜보고 있으면 촌각을 앞다투며 싱그런 초록이 우우우 일어나는 듯하다. 나날이 다르게 채색되는 자연 앞에선 감탄사와 더불어 기쁨의 노래가 절로 새어나온다. 감사와 경이로움으로 고개가 숙여진다.

4월은 생명의 달이고 희망의 달이다. 인디언의 달력에 4월은 '생의 기쁨을 느끼게 하는 달'이라고 예찬하고 있으며 T. S 엘리엇도 그의 시에서 '4월은 죽은 땅에서 라일락을 키워내고 추억과 욕정을 뒤섞고, 잠든 뿌리를 봄비로 깨운다'고 노래했다. 잔인할 정도로 아름다운 4월은 도심의 회색벽에 갇혀 우물쭈물하는 사이엔 소리 없이 지나가고 말 것이다.

생명의 달이며 희망의 달 4월을 맞이하여, 가까운 곳에 산책할 수 있는 숲이라도 찾아 나서 보자. 자연의 소리를 들을 수 있는 곳이면 어디라도 좋다.

필자 역시, 다시 아이를 키운다면 좀 더 자주 아이들을 자연 속으로 데리고 다닐 것이다. 들판을 더 많이 뛰어다니게 하여 봄의 전원에서 피어나는 제비꽃과 풀잎 사이로 사뿐히 피어나는 노란 달맞이꽃, 향기로운 라일락이 어우러져 매순간 끊임없이 변화하는 비밀의 화원에서 생명력이 그득한 자연의 소리를 듣고 자연의 내면을 면밀하게 느낄 수 있도록 안내할 것이다.

만물이 쉴새없이 꿈틀대는 봄날이 왔다. 겨우내 움츠리며 꽁꽁 묶어놨던 몸과 마음의 빗장을 열고 화사한 봄꽃의 향연에 즐거운 마음으로 동참해보자. 마음속에 잠재우고 있는 열망을 끄집어내어 볕을 쪼이고 활기차게 새로운 시작을 꿈꾸어보자. 4월을 터닝 포인트로 삼고 회색빛 우울을 걷어내고 우리함께 힘차게 봄기운에 흠뻑 젖어 볼 일이다.

경남일보 2018년 4월 3일자

새 학교 새 출발의 3월

경칩을 앞두고 모처럼 내린 봄비로 인하여 새학기가 시작되는 3월을 차분히 맞이하게 되었다. 국어 첫시간 시 수업으로 시작되었는데 촉촉한 날씨 덕에 시적 분위기가 절로 났다. 참을성이 부족하고 다소 폭력성이 강한 요즈음의 아이들에게 마침, 첫수업으로 이러한 수업을 선사하고 싶던 참이었다.

새 부임지에서 맡은 반에는 분노조절장애로 학교생활이 많이 흐트러진 아이가 있었다. 아이는 끊임없이 내 시선을 끌고 온종일 내 주의를 붙든다. 교사로서의 내 인내와 한계를 시험하고 기어코 평가까지 해댈 것 같다.

어떤 환경이 이 아이를 골 깊은 분노의 골짜기에 밀어넣었을까!

필자는 오늘처럼 추적추적 비가 오는 날이나 흐린 날이면 박인수의 '봄비'나 '오페라의 유령' OST가 듣고 싶어진다. 더욱이 슬픈 날엔 아예 우울한 음악을 들으며 마음속에 고여 있는 짙은 슬픔의 바닥으로 치닫고 싶다. 그 바닥에서 카타르시스를 느끼며 다시 살아갈 의미를 되찾고 스스로 밝아지는 것이다. 다소 위험해 보여 남들에게 권하고 싶지는 않은 나만의 슬픔극복 치유방법의 하나이다.

'카타르시스'의 문학적 기본 의미는 비극에 등장하는 인물들의 비참한 운명을 보고 간접 경험을 함으로써, 자신의 두려움과 슬픔이 해소되고 마음이 깨끗해지는 일로 나타내고 있다. 정신분석에서는 마음속에 억압된 감정의 응어리나 상처를 언어나 행동을 통해 외부로 드러냄으로써 강박 관념을 없애고 정신의 안정을 찾는 일로 나타낸다. 무의식 속에 잠겨 있는 마음의 상처나 콤플렉스를 말·행위·감정으로써 밖으로 발산시켜 노이로제를 치료하려는 정신요법중의 하나이다. 이 방법을 사용하는 경우라도 치료자와 환자 사이에 어느 정도의 마음의 연결이 되어 있지 않으면 성공하지 못한다. 문제아의 치료에 쓰이는 유희요법도 카타르시스의 원리를 응용한 것이다.

이미 깊게 내재되어 있는 아이의 아픈 마음을 치유하기 위해서는 따뜻하고 긍정적인 태도를 취할 것과 아이에게 무슨 말을 하거나 또 무슨 짓을 해도 야단을 맞지 않는다고 안심시켜 주는 것이 중요하다고 한다. 어떻게 이 아이를 이끌어 갈 것인가! 카타르시스의 경지로 어떻게 안내할 것인가! 하루하루 숙제를 하는 기분으로 치유를 위한 공부를 하고 아이를 보듬고 또 보듬으며 노하우를 총동원해야겠다고 계획하는 3월이다.

경남일보 2018년 3월 6일자

2월의 교단

 2월은 봄의 징검다리로 가슴 설레게 하는 봄을 얘기할 수 있는 달이라며 찬미하는 인터넷게시판의 글이 눈길을 모은다. 한 학기를 마감하는 2월의 교단은 분주하기만 하다. 이것은 유종의 미를 거두기 위해 여느 달보다 몸부림치는 달이기 때문이다. 짧아서 아쉽고 좀 더 열심히 매진할 걸 하는 후회와 함께 자괴감까지 생기는 달인 것이다. 죽지 않을 만큼 최선의 노력으로 올인했다 싶어도 아쉬움과 부족함은 교단 곁에는 늘 머무르기 마련이다.

 필자가 소속된 벽지분교의 2월은 졸업식과 함께 학예발표회를 앞두고 있어 더욱 분주하기만 하다. 바쁜 일상중이지만 우선 아이들에게 해당학년도의 국어, 수학 교육과정의 기초학습을 튼튼하게 마무리 지어야하고 학예발표회 또한 1년

동안 방과후 학교나 각종 행사활동에서 해왔던 내용을 자연스럽게 발표하는 장으로 마련해야 한다. 필자는 18개 성상을 하동 교단에서 보냈는데 이동을 앞두고 있는 시점이어서 만감이 교차하는 가운데 이번 2월이 색다른 전환점으로 다가옴을 금할 수 없다. 자신의 이익을 위해서 발빠르게 움직이지 않고 묵묵히 꿋꿋하게 소신껏 살아온 세월들이 최근 들어 너무 미련하게 살아온 건 아닌지 가끔씩 뒤돌아보기도 하지만 나름대로 열과 성을 갖고 최선을 다했다고 생각되는 하동의 교단생활이었다고 자긍심을 가져본다. 그래도 아쉬움과 안타까움은 2월의 밤잠을 설치게 한다. 지난 연말 건강검진 결과 뜻밖에 이런저런 잔병들에 노출된 위험한 시기와 맞물려 삶의 방식을 재조명하여 새롭게 조정하는 인생의 터닝포인트로 삼아야 될 시기인 것과 유종의 미, 아름다운 갈무리 생각으로 계획과 생각이 많기 때문인 것 같다.

올해부터는 인사발령 공개 시점을 당기고 2월 말 새 학년도를 준비하는 교육과정 워크샵을 이동한 학교로 미리 가서 함께 하게 되어있다. 3월 새학년 새학기가 시작되면 시작과 동시에 교육과정이 정상 운영되도록 2월에 미리 전입한 학교로 가서 새학년도 교육과정을 함께 준비하는 것은 진취적인 교육혁신으로써 바람직해 보인다. 그러다 보니 필자가 오랜 세월 머물었던 지역 교단의 갈무리, 학교, 학년 마무리에 더 숨가쁜 상황이 되었다.

시작보다 더 중요한 마무리의 달, 정신없이 분주한 시간을 보내며 머릿속에서는 끊임없는 외로운(?) 사념들을 물고 오는 2월의 밤, 잠을 설치다가 홍수희 시인의 '그렇게 2월은 간다.' 시를 펼쳐 음미해 본다.

외로움을 아는 사람은/2월을 안다//떨쳐버려야 할 그리움을 끝내 붙잡고/미적미적 서성대던 사람은/2월을 안다//어느 날 정작 돌아다보니/자리 없이 떠돌던 기억의 응어리들/시절을 놓친 미련이었네//필요한 것은 추억의 가지치기/떠날 것은 스스로 떠나게 하고/오는 것은 조용한 기쁨으로 맞이하여라//계절은 가고 또 오는 것/사랑은 구속이 아니었네//2월은 흐르는 물살 위에 가로놓여진/조촐한 징검다리였을뿐//다만 소리 없이 떨어지는 빗방울이여, 그렇게 2월은 간다.

경남일보 2018년 2월 6일자

봄을 기다리는 노래

　곤궁했던 시대가 저문지 오래 되었는데 삶은 갈수록 퍽퍽해지고 치열해지는 느낌이다. 수많은 해넘이와 해돋이를 지켜보며 모두들 두 손을 모아왔지만 전체적으로 우리 생활이 나아지는 게 보이지 않고 취업난에 시달리고 있는 무수한 젊은이들은 줄어들지가 않는 모양이다. 한창 패기 넘치는 나이에 입시전쟁에 이어 취업고시에 청춘이 시들고 있는 이 시대의 젊은이들을 보면 가슴이 답답하기 이를 데가 없다.

　우리가 젊을 땐 노력하면 그래도 취업은 가능했다. 지금은 고개만 돌려봐도 청춘을 삭히며 떠도는 젊은이들이 너무도 많다는 것을 알게 된다. 너무나 슬프고 가슴 아픈 현실이다.

　모차르트가 추운 겨울만큼이나 혹독한 삶의 고통 속에서

희망을 노래했다는 '봄을 기다리는 노래'를 듣던 중 문득 기다림이란 것이 끝이 보이고 은근한 기대감으로 행복이 되는 삶이면 얼마나 좋을까 하는 생각이 들었다. 느긋하게 여유를 즐길 수도 없는 기다림이란 것은 사람을 초조하게 만들고 찌들게 한다. 하물며 지금 앞길이 보이지 않는 현실의 고통 속에서 삶의 봄을 기다리고 있는 사람들의 마음은 어떨까! 시간이 지나면 절로 우리 곁을 찾아오게 되어있는 봄처럼 우리네 마음의 봄도 그러할 수 있다면 얼마나 좋을까!

어디로 가는지 행선지를 알 수 없는 기차에 올라탄 들뜬 기분으로 또 한해를 맞는 1월이다. 올해 우리 앞엔 어떤 시간들이 놓여있을까? 삶이 아름다운 것은 어느 누구도 미래를 내다볼 수 없기 때문이라고 한다. 그렇기에 우리는 얼마든지 희망을 가질 수 있고 아름다운 꿈을 꿀 수 있는 것이라고 한다. 열심히 노력하며 살아도 도대체 나아지지 않는 상황일지라도 살아있음은 아직도 희망과 도전의 새해를 꿈 꿀 수 있어서 좋은 거라고 무한긍정 마인드로 새해 설계를 하고 볼 일이다. 좀 더 나은 희망, 행복, 소망으로 손을 모으는 새해 초입에 이해인 수녀의 '새해에는' 시를 음미해본다.

1월에는/내 마음을 깨끗하게 하소서/그 동안 쌓인 추한 마음 모두 덮어 버리고/이제는 하얀 눈처럼 깨끗하게 하소서//2월에는/내 마음에 꽃이 싹트게 하소서/하얀 백지에 내 아름다운 꽃이/또렷이 그려지게 하소서...

  황금개띠 해에 들어 날씨가 연일 겨울답지 않게 따사롭기만 하다. 겨울에 따뜻한 새해를 맞이하는 것도 자못 위로가 된다. '꿈 많은 젊은이들이여~ 상처 입은 젊은이들이여~ 새해 백지부터 다시 시작할 수 있는 용기를 갖기를...'

경남일보 2018년 1월 9일자

산골벽지분교의 별빛소리

 필자가 속해있는 산골벽지분교는 올해 운영한 세 가지 공모사업 중 두 가지 사업을 뜻깊게 갈무리했다. 첫 번째는 2017. 학생 책쓰기 사업으로 전교생 시집이 나왔다. 3년째 출간하고 있는 전교생 시집은 2015년 '하늘 위의 마을'과 2016년 '꽃등' 그리고 올해 '왕성골 별빛소리'의 제목으로 발간되었다. 얼마 전 학생, 학부모, 교직원이 어울려서 함께 교육활동을 펼치는 특색적인 행사인 어울림의 날에 '왕성골 별빛소리'의 작은 출판기념회를 열었는데 출판을 축하하는 축하 케이크와 학생, 교사, 학부모의 시낭송과 바이올린 축하 연주로 감성에 젖게 하는 아름답고 따뜻한 시간으로 마무리되었다. 전교생 18명인 분교는 올해 시쓰기 교육에 박차를 가하여 백일장 및 각종 공모전에 여섯 차례 20여명의 아동을 입상시키는 눈부신 성과를 거두었다. 지속적인 시쓰기 교육을 제공하며 아이들이 관심을 갖고 능동적으로 움직이도록 각종 글짓기대회와 공모전을 통한 잦은 성취감을 갖게 하여 스스로 시를 쓰게 하는 분위기를 만들어 갔고 그 과정에서 얻어진 작품들을 모아서 자연스럽게 결과물인 전교생 시집을 엮어내게 된 것이다. 지리산 자락에 포근히 싸여있는 작은 학교는 빼어난 경관만큼 아름다운 시심으로 물든 아이들이 빠른 속도로 성장하고 있는데 천혜의 자연 속에서 뛰어노는 왕성 아이들의 마음속에 올해는 어떤 아름다움이 자리 잡았을지 '왕성골 별빛소리'가 그 이야기를 들려준다.

두 번째는 경남교육청이 올해 안전문화의 확산을 위해 추진한 예술연계 안전콘텐츠 개발학교로 선정되어 운영했는데 며칠 전에 '어린이 안전 연극 발표회'를 열었다. 연극 대본은 학교교육과정의 필수로 명시하고 있는 학교 안전교육 7대 표준안의 내용 중 아이들이 연극으로 만들고 싶어 하는 한 영역을 추출하여 만들어서 안전한 생활이 자연스럽게 체득될 수 있도록 하였다. 아이들이 심혈을 기울여 만든 이 연극은 왕성분교의 졸업식과 함께하는 학예발표회 때 2차로 발표회를 가질 예정이다. 오는 19일에는 2017학년도 하동 오감길 감성 up! 학교예술교육 발표회에 올려서 지역사회 학생들을 대상으로 안전의식 고취의 홍보에도 앞장설 예정이다.

위의 책쓰기 공모사업과 예술연계 안전콘텐츠 공모사업은

산골 벽지분교에서 신명나게 운영되며 괄목한만한 성과를 가져왔다. 시의 눈을 틔우고 가꾸는 시쓰기교육과 전교생 시집 발간, 연극대본 만들기와 연극 발표는 문화적 소외지역인 산골 벽지 아이들의 문화적 갈증을 해소시키며 아이들을 단시간에 눈부시게 성장시킨 사업으로 자리매김 되었다.

공모사업은 적재적소의 학교에 선정되면 더 큰 성과로 빛을 발하는 것 같다. 의미 있는 공모사업을 계획하고 보급한 경남교육청 장학진들의 노고에 현장에 몸을 담고 있는 교사로서 깊은 감사를 표한다.

경남일보 2017년 12월 5일자

과욕이 화를 자초한다

주말농장하는 어떤 분이 백합꽃같이 생긴 노랑색의 꽃을 가졌다고 해서 목백합나무라고 불리는 수종을 모셔왔다가 제거대상 1호에 올려놨다는 글을 흥미롭게 읽어본 적이 있다. 어렵게 가져온 만큼 기대가 컸었는데 몇 년 째 꽃을 보여줄 기미는 고사하고 키 작은 생명들에게 그늘만 드리우기에 이번 가을을 끝으로 없애 버리는 게 좋지 않을까 하는 생각으로 제거리스트에 올려놨다는 것이다. '아무리 귀한 생명이라 할지라도 하늘 높은 줄 모르고 대가리를 치켜들고 안하무인격으로 설쳐대는 꼴을 보면 볼수록 밉상이라는 느낌이 든다.' 라는 것이다.

자연도 여름이 가면 어김없이 가을이 오는 순리를 거스르지 않고 돌아가고 있고 각양각색의 빛깔로 어우러진 나뭇잎들도 제각각이지만 먼저 피어난 잎이 먼저 물들어 떨어지는 자연의 이치를 따르며 살아가고 있다. 다양한 재주와 생각을 가지고 살아가는 인간 세상에도 세상의 이치가 있고 보이지 않는 질서와 규칙이란 게 있는 법이라는 건 누구나 다 알고 있는 사실이다. 문서형식을 갖추진 않았지만 결코 무시해서는 안되는 불문율이란 게 있는 것이다. 규칙처럼 세세히 문서로 명시해놓진 않아도 더불어 살아가며 지켜야 할 기본 질서와 도리가 존재하고 사람들은 그 불문율을 공유하며 질서를 만들며 그 질서를 깨뜨리지 않고 존중하며 살아간다. 지각이 있는 사람들은 성문법보다 그러한 불문율이 오히려 더 무섭게 사람들의 의식 속에서 내재하고 있다고 생각한다. 그런데, 간혹 그런 질서마저 무시하는 무지랭이가 속해있는 집단에서는 질서가 속절없이 무너지고 방향성을 잃은 사람들이 속출하게 되어 불만과 불신이 악의 꽃처럼 피어나기도 한다.

흙탕물을 고요히 가라앉혀놓으면 위에는 맑은 물이 뜬다. 다양한 사람들이 뒤섞이다보면 흙탕물이 일기 쉽지만 지각이 있는 사람들은 서로 진정한 행복추구의 한 가지 지향점을 향해 긍정마인드로 배려하고 양보하며 맑은 물처럼 말없이 살아간다. 그러한 집단에서 미꾸라지 한 마리가 욕심으로 물을 흐리며 휘저어 놓은 흙탕물에서는 가라앉아 있던 찌꺼기와 부유물들이 뜨기 마련이다.

인간사 어디에서건 개인의 그 '과욕' 때문에 질서가 깨지고 문제가 일어난다. 4차 산업혁명시대라 일컬어지는 사회에서는 단순한 기본 질서 논리마저 깨우치지 못하는 부류가 설치게끔 판을 마련해주는 세상이 되어선 곤란하겠다. 특히나 배려를 가르쳐야 하는 신성한 교단에선 질서를 깨뜨리고 선, 후배도 없이 혼자 욕심을 부리고 설쳐대는 인간이 있다면 위의 목백합나무 짝이 되는 건 시간문제가 아니겠는가! 천상천하 유아독존, 안하무인의 뜻이 새겨지고 '전부를 취하면 전부를 잃는다'고 새겨진 팔만대장경에 나오는 욕심에 관한 성어가 생각나는 깊숙한 가을 녘이다.

경남일보 2017년 11월 7일자

가을 속 깊숙이 들어가고 싶다

　개천예술제가 끝나고 유등축제도 막바지에 이르렀다. 필자는 집이 촉석루 아래여서 산책 삼아 거의 매일 축제장을 거닐었다. 여러 곳에 펼쳐진 야외무대에 들러 음악에 취하기도 하고 길거리 공연장에 머무르기도 했다. 길거리공연을 즐기는 사람들의 문화의식도 많이 바뀌어 문화를 제대로 즐길 줄 아는 서민들의 모습이 또 다른 문화풍경을 자아냈다. 필자 역시 그 풍경 속으로 들어가 오랜만에 군중 속의 고독을 즐기며 침잠하는 시간을 가져보았다. 문득 귀에 익은 노사연의 노랫말이 선명하게 들려왔다. '우린 늙어가는 것이 아니라 조금씩 익어가는 것이랍니다…'

　'인생이란 눈 맞은 돌멩이처럼 오래 견뎠다는 말, 견디며 숟가락으로 시간을 되질했다는 말, 되질한 시간이 가랑잎으로 쌓였다는 말…'과 '해질 무렵 굽은 산길이 더욱 또렷하다'는 이기철시인의 시 구절이 떠올랐다.

현대사회에서는 수많은 사람들과 교류하며 인연을 맺고 살아간다. 그 속에서 무엇보다도 사람으로 부터 받는 상처가 많다고 한다. 먹고살만하니 정신적인 상처와 고통을 느끼는 건지 모르겠지만 갈수록 사람들이 피폐해지는 것 같다. 자긍심이 높은 집단일수록 시기와 암투, 거기에다 질투로 빚어지는 갈등이 더 많은 현실인 것 같다는 느낌이 든다. 그래서 인지 몰라도 어릴 적부터 영재교육은 인성교육과 연계해서 해야 된다고 뒤늦게 부르짖고 있는 모습도 보인다. 인성의 사전적 의미는 사람의 성품, 각 개인이 가지는 사고와 태도 및 행동특성이다. 자신의 이익과 목적을 위해 온갖 욕심을 내며 사람을 이용하고 살아가는 얕팍한 사람들이 아닌 참다운 인성을 가진 사람이 빛을 발하는 세상이 되어야겠다.

필자는 평소 상처받은 사람들을 위한 치유와 공감의 채널을 자연 속에서 찾아야 된다고 믿어왔다. 그러나 사람에게 받은 상처는 사람을 통해서 치유해야 한다는 말을 되새기며 너덜너덜해진 마음을 들고 군중 속을 헤매어보는 것도 괜찮을 것 같다는 생각이 든다.

복효근 시인은 '잘 익은 상처에선 꽃향기가 난다.'고 했다.

해질 무렵 굽은 산길이 더욱 뚜렷이 보이듯 세월 따라 익어가면서 부족한 삶의 그림자를 고쳐가며 살아가야겠다는 생각이 짙어지는 계절이다. '용서는 단지 우리에게 상처를 준 사람들을 받아들이는 것만을 의미하지는 않는다. 그것은 그들을 향한 미움과 원망의 마음에서 상처받은 가여운 내 영혼을 위해 숨 쉴 수 있도록 스스로를 놓아주는 것이다. 그러므로 용서는 자기 자신에게 베푸는 가장 큰 자비이자 사랑이다.'는 달라이 라마 '용서'가 때에 따라서 상처받기 쉬운 세상에서 치유와 힐링의 삶을 위한 해답이 아닐까 생각된다.

필자는 이 가을 내내 가을 속으로 더 깊숙이 들어가 꽃보다 아름다운 사람들의 마을을 기어코 찾아내고 싶은 심정으로 걷고 또 걸어볼 참이다.

경남일보 2017년 10월 13일자

새로운 여명

　가을이 성큼 찾아왔다. 학교는 2학기를 맞이하여 교육과정 설명회와 운동회 그리고 가을현장체험학습 등의 계획을 진행하며 분주한 모습이다. 아이들은 여름방학 동안 훌쩍 자란 모습으로 호기심 어린 눈망울을 굴리기에 바쁘고 교정의 단풍나무와 은행나무는 방학 내내 고요히 가라앉아 있다가 온 몸에 촉수를 달아내기 시작했다. 한학기의 시작은 이렇듯 시끌벅적한 분주함 속에서 늘 새롭고 신선하게 다가온다.

　경남교육청에서는 지난 8월 말일에 교육에 헌신하고 전념한 퇴직교원을 대상으로 훈포장 전수식을 가졌다. 40여년 우여곡절을 겪으며 교단에서 애쓰고 떠나시는 분들의 모습은 교직에 대한 여러 상념에 젖게 하고 많은 생각을 하게 한다.

새로운 시작, 또 다른 기로 앞에서 영예로운 퇴임을 축하드리며 후배로서 송시를 한편 부쳤다.

머나먼 시공간을 돌고 돌며/등불을 켜들고 찾아온 당신/그 별 하나로 인해/경남교단이 반짝거렸습니다.//열정과 사랑으로 오가던 뜨락/총총히 빛나던 별들 아래/눈부시게 펼쳐 놓은 꿈/지금 곳곳에서 소담스레 꽃을 피우며/수런수런 행복의 꽃무늬를 드리우고 있으니//걸어야 할 발걸음이 무거워지고/걸어갈 하루하루가 힘겨워지거든/그리운 이름과 얼굴들을 떠올리며/반백년은 지난날의 청춘보다/더 뜨겁고 더 화사하게 꽃피워 주십시오//님을 떠나보내는 오늘새벽엔/알싸한 바람이 불었습니다./화사하게 어우러지던 배롱나무도/교단에 이는 한줄기 외로움을 감지한 듯/어깨를 늘어뜨리고 흐느적거렸습니다.//또 다른 출발 앞 생의 전환점에서/불면의 밤 내내 함께하며/시들지 않을 얘기로/눈썹 짙은 그리움에게/아련한 사랑의 추억을 건네고 싶습니다//내일은 새로운 여명을 맞이하시고/바다의 등대 하늘의 북두성의 모습으로/교단에서 나아가 세상의 길라잡이가 되시고/새 출발의 걸음걸음 행복과 건강한 삶 펼치시길/기원드립니다.//

교직은 주어진 임무 이상의 소명의식을 가슴 밑바닥에서 끄집어 올리게 하는 직업이다. 경륜에서 묻어나는 지혜로 매 순간 길라잡이가 되던 선배님들을 교직에서 떠나보내고 나니 앞으로 3년이 지난 70여년보다 더 큰 변화가 급속도로 다가올 거라고 하는 4차 산업혁명시대의 교사로서 책무성이 더욱 크게 다가온다. 알싸해진 새벽녘 풀벌레가 연주하는 가을서곡을 들으며 건강과 청안을 빌어본다.

경남일보 2017년 9월 5일자

미래사회의 변화에 따른 학교교육

얼마 전 우리는 알파고를 만났고 세브란스 병원의 최고권위의사라고 일컬어지는 닥터왓슨 그리고 인공지능 페퍼와 뚜봇의 등장을 지켜보았다. 이들은 4차 산업혁명 시대에 흔히 볼 수 있는 광경들이다. 인공지능, 로봇기술, 생명과학이 주도하는 4차 산업혁명 시대에 진입하여 사회시스템 전반에 변화의 바람이 급격히 일고 있다. 세계 경제 포럼(WEF) 회장 클라우스 슈밥의 '4차 산업혁명은 기대이면서 두려움이다. 그 범위는 일상을 망라하고 속도는 쓰나미처럼 덮친다. 깊이는 존재를 흔든다.'는 말이 실감나는 상황이다. 20~30년전 만화에 나오던 불가능할 것만 같았던 이야기들이 현실에 거침없이 나타나고 있는 것이다.

사라질 일자리와 생성될 신규 일자리의 직업구조의 변화

가 예견되어 급변하는 미래사회를 준비하기 위해 학교는 학생들에게 미래의 불확실성에 대처하는 역량들을 준비시켜야 한다. 현재에는 존재하지 않는 직업군에 종사할 수 있는 능력을 키워줘야 한다. 이에 따른 우리나라 학교교육 패러다임의 변화요구에 반응하여 2015 개정교육과정에선 선도형 창조경제를 이끌 창의융합형 인재양성을 위해 미래사회 실질적인 수행능력인 핵심역량을 제시하고 교육과정-수업-평가의 일체화를 통한 배움중심의 행복학교를 지향하고 있다.

필자는 현재 경남교육연수원에서 초등 교감자격연수에 몰입중이다. 오랜 평교사로서의 생활을 토대로 이젠 관점을 바꾸어 학교중간관리자의 역할에 대해 집중 교육을 받고 있는 것이다. 변화하는 시대의 관리자로서의 부담과 더불어 무거운 책무성을 안고 편치 않은 마음으로 연수에 임하게 되었는데 지난 3주간의 짧은 시간이지만 관리자의 역할에 다소 전문성을 익힌 것 같아 가뿐한 마음이다. 국내에서 드문 우수한 강사진과 학교관리자로서의 역량과 자질을 함양하는데 더할나위 없이 잘 짜여진 프로그램은 연수장을 후끈하게 달아오르게 하였다. 미래사회의 학교교육의 방향과 4차 산업혁명 시대의 교육 감성리더십에 대해 고민해보는 시간들은 가슴밑바닥에 닿아 관리자로서의 책임감 뿐 만 아니라 시대에 맞는 소명의식을 끌어내주기에 충분했다. 행복교육의 비전을 제시하고 교육현장의 변화를 주도할 글로벌 리더 육성을 목표로 알찬 연수 프로그램을 제공한 경남교육청과 경남교육연수원 측에 박수를 보내고 싶다.

 필자는 2010년도 12월 14일자 경남일보 칼럼 '미래사회는 제너럴스페셜리스트를 요구한다.'에서 미래는 예측하기 어려운 직업환경 변화에도 유연하게 대처할 수 있는 카멜레온형 인재들을 필요로 할 것임에 틀림없다고 피력한 바가 있다. '제너럴스페셜리스트'는 한 분야에만 성통한 선문가가 아닌 여러 분야에 폭 넓고 깊은 전문지식을 가지고 있는 사람을 말한다. 인공지능과 사물인터넷, 빅데이터가 이슈로 대두되는 4차 산업혁명 시대에 걸맞는 융합형 인재양성을 위한 준비로 더운 여름에도 경남교육청 산하, 교단이 뜨겁다.

경남일보 2017년 8월 1일자

전국창의력챔피언대회 출전팀 창의캠프 운영

　오는 8일(토)에는 경남발명인재육성협의회과 경상남도과학교육원주관으로 2017. 창의인재 육성캠프가 운영된다. 캠프 대상자는 지난 달 실시한 2017. 경남학생창의력챔피언대회에서 뽑힌 전국대회 출전팀 아홉개 팀과 지도교사들 그리고 도내 과학·발명에 관심이 많은 학생과 교사이다.

　창의성과 각 전문지식간 통합능력이 중시되는 시대에 학생들에게 창의성과 지식통합 능력을 길러주는 대표적 교육활동으로 이번 캠프는 정규수업 시간에 다루기 어려운 각종 창의적인 프로그램을 제공하고 직접 체험을 통해 창의적 사고와 융합적 지식을 요구하는 과학·발명에 대한 관심과 흥미를 고취시키게 될 것이다. 더불어 개인의 자아실현 도모뿐 아니라 국가경쟁력을 높일 수 있는 인재육성의 계기가 될 수 있을 것으로 기대된다.

또한 열정과 역량 있는 도내 과학전문가들을 초빙하여 치르는 이러한 과학·발명 캠프를 통하여 재능이 뛰어난 인재를 조기에 발굴하여 그 능력을 계발시킬 수 있을 뿐 만 아니라 발명과 창의력 대회 지도교사의 전문성도 신장될 수 있을 것으로 보인다. 지도교사 역시 다양한 과학·발명 프로그램을 체험함으로써 창의성과 지식간 통합의 중요성을 인식하고 창의성을 요구하는 각종 대회를 실질적으로 준비할 수 있게 될 것이다. 경남학생창의력챔피언대회 전국대회 출전팀의 과제해결 역량에 실질적으로 도움을 주고자 오랜 기간 창의력 대회출전 경험과 성과를 쌓은 현직교사들을 초청하여 표현과제, 제작과제, 즉석과제 해결 컨설팅을 철저하게 계획하고 있는 것이다.

창의력 대회는 제도권 안에 갇혀있는 우리의 학생들이 미래사회가 요구하는 인재상인 모험과 도전정신, 열정을 배우고 자아존중감을 얻게 되는 대회이다. 지도교사 입장에선 창의력대회의 어려운 과정을 뚫어낸 데 대한 인센티브는 적지만 대회기간을 통한 학생들의 폭풍성장을 보고 느끼며 교사로서의 보람으로 무궁무진한 희열을 얻을 수 있는 대회이다. 그리하여 마력처럼 또 다시 교사로서의 사명감을 생각하게 되는, 교사의 열정을 이끌어내는 대회라고 할 수 있다. 요즘은 창의력대회의 성과를 학생들이 특정학교에 입학할 때 쓸 수도 없어서 지도교사 뿐 만 아니라 학생에게 주어지는 혜택이란 것은 거의 없다고 한다. 그럼에도 불구하고 수많은 학생들과 지도교사가 열광하고 몰려드는 어려운(?) 창의력대회는 무엇을 의미하는지 되새겨볼 필요성이 있어 보인다.

 모든 정책의 입안은 쉬운 게 아니지만 학생들이 좋아하고 학생들을 실질적으로 크게 키우는 대회라면 제도적 장치를 더하면 좋지 않을까 하는 생각이 든다.

경남일보 2017년 7월 4일자

얼음새꽃처럼

 각급 학교에서는 신학기가 시작되었다. 그러나 아직도 겨울의 그림자를 드리우고 있는 학교 앞 계곡물 탓일까. 여러 요인으로 시국이 초비상인 시기라서인지 세상은 더욱 봄을 재촉하며 온통 봄을 부르고 있다. 이 봄을 마음 놓고 기다려도 될 시간은 언제쯤일까. 당장이라도 얼어붙어 있는 봄을 흔들어 깨우고 싶다. 필자가 힘든 시절에 쓴 시를 꺼내보았다. 마음속에서 봄 타령을 할 즈음에 늘 꺼내보는 시이다.

 '네 눈길과 맞닿은 내 몸은/금세 황금빛으로 눈부시다/움츠린 어깨/근육통이 시퍼런 소름으로 피어나던 밤/땅속 깊이 묻힌/떡잎 돌돌 말린 시간을 꺼내어 깁고 또 깁는다/드센 바람,/세상 기슭 흔들고 지나가면/네 따뜻한 골목집 어귀에 내 마음 머물고/밤새 눈이 내렸다는 기사가 실린/조간신문이 배달되는 시각/곧은 손가락 끝으로 밝아오는 아침이/산동네 연하디 연한/한 움큼의 봄을 살며시 흔들어 깨운다/시린 옆구리를 비비며/얼음 속살 헤치며/노랗게 웃음 짓는 나는,/너로 인해 활짝 피는/얼음새꽃/낮에만 피어나는'

얼음새꽃은 복수초의 또 다른 이름이다. 복수초는 복과 장수를, 또는 부유와 행복을 상징하는 대표적인 꽃이라고 한다. 이른 봄 산지에서 눈과 얼음 사이를 뚫고 꽃이 핀다고 하여 '얼음새꽃' 또는 '눈새기꽃'이라고 부르기도 한다. 이른 봄 눈 속에서도 피는 꽃 중 하나가 복수초인 것이다.

복수초처럼 시린 대지 위에서도 부지런히 꽃을 피우기 시작해야 한다. 얼음새꽃의 뒤를 이어 매화가 꽃망울을 터뜨리기 시작했다. 곧이어 벚꽃, 배꽃, 복숭아꽃 등이 앞다투어 피어날 것이다. 우리의 희망도 덩달아 산천에 흐드러질 것이다. 하루의 계획은 아침에 있고, 한 해의 계획은 봄에 있으며 지혜 중에 가장 중요한 것은 새 출발의 지혜라는 말처럼 우리는 또다시 새로운 출발을 준비할 때이다.

'비록 아무도 과거로 돌아가 새 출발을 할 순 없지만, 누구나 지금 시작해 새로운 엔딩을 만들 수 있다'는 칼 버드의 말을 되새김질해본다. 가수 임재범의 '비상'이라는 노랫말도 읊조려 본다. 춘래불사춘(春來不似春)이라고 떠드는 시절에 희망을 갖게 하는 온갖 글귀를 뒤져서라도 기를 쓰고 새 희망을 찾고 싶은 심정이다.

경남일보 2017년 3월 7일자

장터에 펼쳐진 학예회

화개초등학교는 '화개동천 별천지 꽃피는 땅의 초록향기 축제'의 장을 지역의 장터인 화개장터에서 펼쳤다. 평소 학생들이 교육과정을 통해 틈틈이 배우고 익힌 재능을 발표하는 학예발표회를 지난해에 이어 올해도 지역민과 관광객이 모이는 화개장터에서 열기로 했다. 장터를 오가는 사람들의 발목을 붙드는 귀여운 아이들의 재롱과 재능발표는 지역민과 관광객들에게 박수와 환호를 받으며 성황리에 펼쳐졌다.

사물놀이 공연을 비롯 우쿨렐레, 오카리나, 핸드벨, 실로폰, 멜로디언, 리코더, 기타 연주와 부채춤, 탬버린댄스, 응원댄스, 건강댄스 등으로 학생들은 특기와 재능을 마음껏 발휘했다. 특히 연극부의 공연은 장터에 모인 어르신들과 학부모들의 애틋한 향수를 불러일으키며 많은 갈채와 환호를 받았다. 또한 다례부의 차 향기 가득한 시연은 녹차 생산지인 환경적 특성과 함께 지역의 특색교육으로 돋보였다. 올해 역시 앞서서 장터에서 제1회 정기공연을 성공적으로 마친 화개초등학교 '초록향기 樂 밴드부'의 멋진 공연은 보는 사람들의 찬사와 감탄을 이끌어내기에 충분했다.

학부모회장과 함께 진행을 맡았던 화개초등학교 교장은 "학생들에게는 평소 교육과정을 통해 배우고 익힌 것을 학교에서 벗어나 많은 사람이 함께하는 넓은 무대에 서보는 경험을 통해 긍지와 자신감을 키워주고, 학부모와 지역민에게는 학교교육에 대한 이해의 폭을 넓히고 교육공동체의 유대를 강화하는 기회가 됐으면 좋겠다"라고 소감을 밝혔다.

이번 축제는 발표장소를 화개장터로 하여 학생들을 학교 밖의 좀 더 큰 무대로 이끌어내어 자신감을 길러줌은 물론 지역민과 관광객에게 학교와 지역을 알리는 계기가 됐고 지역민, 관광객과 함께 즐기는 진정한 교육공동체 축제의 장으로 평가됐다. 학교 안에 머무르던 학예회가 장터로 걸어 나왔다. 이달 20일에는 산골벽지분교인 필자의 학교 운동장에서 이 지역 출신 선남선녀의 결혼식이 예정돼 있다.

시대는 자꾸 바뀌어 간다. 바뀌는 시대의 흐름 따라, 흐르는 세월을 따라 오래 젖어 박혀버린 고정관념의 틀에서 벗어나야 할 필요성도 있어 보인다. 본전 생각나게 하는 씁쓸한 마음을 주는 우리의 결혼식 문화도, 우리의 장례문화도 이제는 과감하게 바꿔 나가야 할 시점이라 생각된다.

경남일보 2016년 11월 8일자

3부

어울림축제 한마당

　지난 주 열리기로 했던 운동회를 날씨 때문에 부득이 연기해 놓고 다시 예측이 어려운 연휴 날씨에 촉각을 곤두세웠다. 연휴 다음 날이 바로 우리 아이들이 손꼽아 기다리는 운동회가 열리는 날이기 때문이다.

　벽지분교의 운동회는 아이들뿐만 아니라, 학부모와 지역민들이 어우러져 즐기는 한마당 잔치이기 때문에, 혹여 태풍의 영향을 받아 밤새 운동장이 젖을 정도의 비가 오는 건 아닐까 신경이 쓰인다.

　운동회는 아이들에게는 각종 경기를 통해 협동심과 책임감, 그리고 스포츠맨십을 배우는 계기를 마련해주고 학부모에게는 어린시절의 추억과 향수를 일깨워주는 학교의 큰 행사이다. 특히 소규모 시골학교의 운동회는 마을의 어르신들도 평소 갈고 닦으신 노인댄스 공연 등을 뽐내기도 하는 자리라 여러모로 의미가 크다. 남녀노소 한데 어울려 한바탕 웃고 즐기는 잔치의 일환으로 운동회를 앞두곤 음식준비 등 여느 때보다 들뜬 분위기로 분주한 모습을 볼 수 있다.

이러한 운동회가 최근에는 규모가 축소되면서 간단한 학년별 체육대회로 대신하는 학교가 늘어나고 있는 추세이다. 몇 해 전까지만 해도 선선한 가을날씨가 되면 각 초등학교 운동장에서 열리는 운동회의 모습을 흔히 볼 수 있었지만 지금은 봄 또는 여름에 열리기도 하며, 도심의 학교에서는 호랑이 담배 피던 시절의 얘기로 잊혀져가고 있는 실정인 것이다.

"청군 이겨라 백군 이겨라~!"

내일이면 필자가 속한 골짜기 벽지분교의 운동장에서는 청명한 가을하늘 아래 아이들의 우렁찬 함성이 울려퍼질 것이다.

저학년 지구공굴리기, 점심시간을 알리는 박 터트리기, 손님을 찾아서 손잡고 뛰는 손님찾기, 그리고 우리의 민속놀이인 줄당기기, 마지막 순서로 아이들이 응원이 최고조에 달하는 이어달리기 등이 시대가 바뀌어도 빠뜨리기 아쉬운 운동회의 단골메뉴이다.

 운동회의 사전적 의미는 '여러 사람이 모여 여러 가지 운동경기를 하는 모임'으로 우리나라에서 처음으로 열린 운동회는 1896년 영국인 교사의 지도 아래 개최되었다고 한다. 사라져가는 것은 모두 이유가 있고, 시대의 흐름에 부응하는 삶의 자세도 필요하지만 운동회가 사라져가는 건 어쩐지 아쉽기만 하다.

 날이 갈수록 학생수가 줄어들고 운동회 자체를 연다는 것도 여러 무리수가 따르는 시대라 운동회를 간단한 소체육회나 예능으로 하는 경우가 많지만, 다소 번거롭더라도 소규모 학교에선 이웃의 학교끼리 묶어서라도 우리 아이들의 흥겨운 올림픽이라고 볼 수 있는 운동회가 이어지길 기대해본다.

경남일보 2016년 10월 4일자

산골 벽지분교의 시 울림

　지난 토요일 하동 북천 소재 이병주문학관에서 제15회 전국학생백일장이 열렸다. 필자가 속한 산골분교의 '나도 시인!' 동아리 아동들이 장원 및 차하 등을 획득하는 눈부신 성과를 거뒀다.

　본교는 작년에도 '나도 작가!'라는 이름의 동아리 활동으로 열린 제1회 남일대 전국백일장에서 장원과 차상을 획득하는 등 각종 백일장에 참가해 괄목할 만한 성과를 거둬왔다. 이어 학년말에는 전교생의 시를 모아 '하늘 위의 마을'이라는 시집을 출간하기도 했다. 올해에도 학기 중에 필자의 시 창작지도뿐만 아니라 명망 있는 문인들을 초청해 글쓰기교실도 열었다. 지난해 박종현 시인, 정현대 시인에 이어 올해는 동화작가이자 아동문학평론가로 활동하고 있는 김철수 한국

아동문학회 경남지부장을 초대하기도 했다.

　필자는 시인이긴 하나 정작 아이들의 표현을 통해 새삼 감탄을 자아내며 많은 것을 배우며 때로는 감회에 젖기도 한다. 아이들은 흡입력이 강하고 이끌어주면 끌어주는 그 이상으로 잘 따라온다. 순수한 백지에 교사가 그림을 그리는 대로 갖가지 색채를 모두 흡수하며 더 찬란한 색채를 발하는 것이다.

　오랜 세월 글짓기 지도를 해오며 도회지 아이이건 시골아이이건 모든 아이들은 무한한 가능성을 지니고 있는 것을 매 순간 발견한다. 다만 어떻게 그 싹을 일깨워주고 건드려주어 표출하게 하느냐가 관건일 따름이다. 흔히 시 쓰기 지도는 현직교사들이 어렵다고 말들을 한다. 몇 가지만 유념하면 다중엔터테인먼트 역할 이상을 하는 현대사회의 교사들로선 결코 어려운 것이 아니다. 현직 교사들을 위하여 시 쓰기 지도에 따른 필자의 팁을 소개하면 다음과 같다.

　첫째, 비유적인 표현으로 나타내라. 둘째, 읽으면 그림이 그려지듯이 써라. 셋째, 읽을 때 리듬이 느껴지도록 하라.

　시 쓰기 방법을 간략하게 예를 들어 가르쳐주고 이어 곧바로 창작을 시켜보면 아이들에게서 툭툭 튀어나오는 신선한 표현들을 발견할 수 있다. 시의 구성면에서는 서툴지만 창의적인 표현에 깜짝깜짝 놀라며 혀를 내두를 때도 가끔 있다. 청출어람을 기대하며 모래 속에 파묻혀 있는 진주 캐기 작업에 열중하는 지리산자락 산골벽지분교의 나날이 분주하다.

경남일보 2016년 9월 6일자

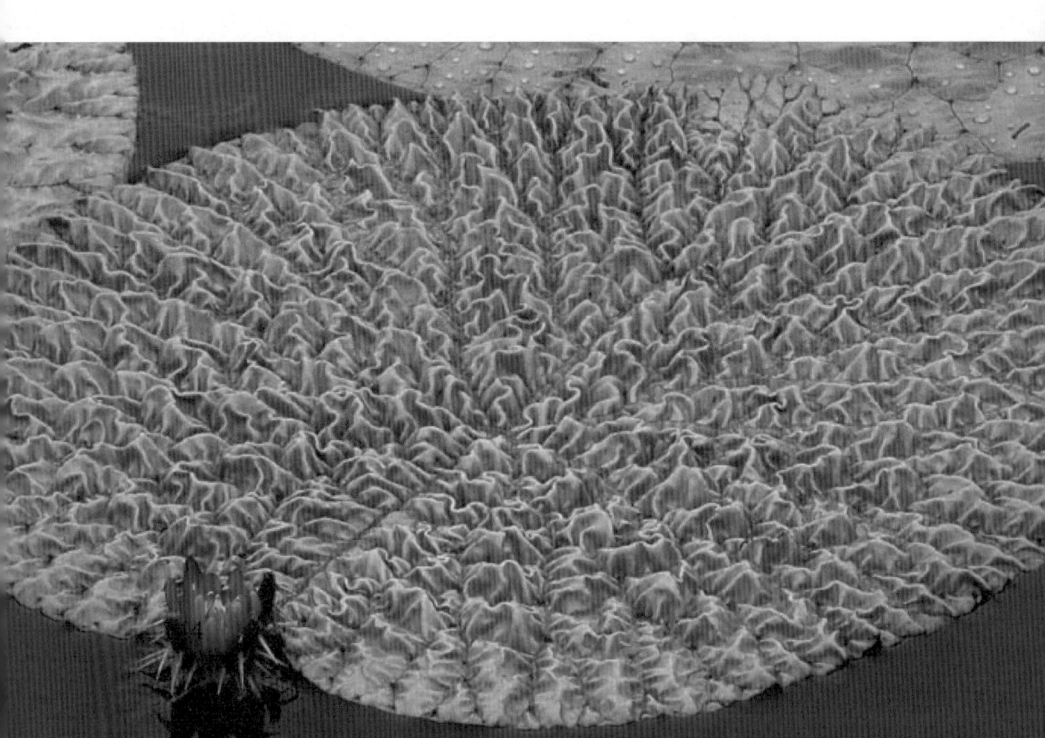

계절의 여왕 오월에

 오월의 학교는 싱그럽고 너무나 찬란하여 눈이 부실 정도이다. 필자가 시내에 있는 집 근처 학교에 근무할 때는 계절의 변화를 좀처럼 알아차리기 어려웠다. 이곳으로 부임해 오면서 계절의 여왕 오월에 운동장에 쏟아져 나온 아이들의 모습도 빛이 난다는 사실을 비로소 느낄 수 있었다. 사방에 펼쳐진 자연 속에 풍덩 빠져들어 폴폴 뛰어다니는 모습이 한폭의 그림 같다. 눈 시리도록 아름답고 찬란한 이곳에 근무하며 교사들은 늘 의미 있는 도움을 주고 싶은 마음에 의기충천해져 있다.

 필자가 근무하는 곳은 아이들 하나하나가 더욱 귀하게 느껴지는 산골의 벽지분교이다. 교사들은 전교생 17명 하나하나의 성향을 파악하고 1:1 맞춤식 교육을 행하고 있다. 교통

관계상 외부 전문강사를 구하기 힘든 산골이지만 바이올린, 밸리댄스, 사물놀이, 다례, 수채화, 바둑, 스포츠교실, 지리산 생태교실 등 방과후 학교도 8종의 외부강사를 초빙하여 운영하고 있다.

다양한 방과후 학교 활동 외에도 경상남도교육청에서 학생들의 꿈과 끼를 펼치고 학교 생활 속 독서문화 확산을 도모하고자 실시한 '2016. 경남 학생 독서 책쓰기 동아리 공모전'에 지난해에 이어 올해도 선정되었다. 작년에는 '나도 작가!'란 이름으로 공모, 선정되어 연말에 전교생의 시를 수록한 '하늘 위의 마을'이라는 시집을 출간하고 아이들의 창작출간물에 대한 성취감과 기쁨을 학부모와 함께 공유한 바 있다.

올해는 아예 전교생을 한동아리로 묶어 '나도 시인!'이라는 이름으로 공모하였는데, 선정되어 학생들의 시집 창작지원금을 확보하게 된 것이다. 현재 창의적 체험활동 동아리활동 시간에 실시하고 있는 시창작교실 운영에 박차를 가하며 올해 말 역시 지난해와 마찬가지로 전교생이 참여하는 시집을 펴낼 것이다. 그리고 지난해 전교생 시집 출간에 이어 해마다 지속적으로 시집 출간을 계획하고 산골 아동들의 가슴에 영원히 꺼지지 않을 창작의 불씨를 심어줄 계획이다.

소외지역 소규모 학교라 교육의 기회를 최대한 누리게 해

주고 싶은 교사들의 마음이 자연과 더불어 찬란하게 빛나는 오월이다. 벽지분교 아이들에게 지리산의 다양한 색채처럼 다양한 교육적 기회와 혜택을 선사하고 싶은 마음 간절하다.

경남일보 2016년 5월 3일자

아름다운 입학식

　지리산 옛길 서산대사길이 펼쳐지고, 여러 골짜기에서 흘러나오는 물이 섬진강으로 흘러가기 전, 일단 합류하는 화개천이 내려다보이는 왕성분교에서 아름답고 뜨거운 2016학년도 입학식이 열렸다.

　전교생 17명의 소규모 학교인 왕성분교장은 올해 1학년으로 2명의 학생이 입학했다. 학교장의 입학허가 선언과 학교생활에 대한 당부에 이어 입학을 축하하는 환영의 글을 전교회장이 낭독했다. 교장선생님께서는 '우리 왕성분교는 시골의 작은 학교지만 전교생이 모두 가족처럼 아끼며 생활합니다. 올해 2명의 귀한 학생이 입학을 했습니다. 교직원들은 항상 학생들을 우선으로 생각하며 학생들이 자신의 꿈을 찾아가도록 최선을 다하겠습니다.'는 말로 교육공동체가 소통하고 공감하는 교육에로의 다짐을 뜨겁게 전해주었다.

그리고 입학생을 닮은 조그마한 꽃 화분 선물을 정성 들여 예쁘게 키워 달라는 당부와 함께 증정했다. 왕성분교의 학부모회장을 맡은 이종연 학부모는 방과후 수업으로 바이올린이 들어와 있는 점을 감안, 입학생들의 선물로 바이올린을 기부해 주셨다. 이러한 미담이 전해져서 내년부터는 왕성분교에 입학하는 아동들에겐 총동창회에서 바이올린을 한 대씩 사주기로 계획하고 있다는 희망 찬 봄소식도 전해지고 있다.

굽이굽이 지리산 자락에 위치한 산골학교, 화개천 따라 봄엔 환상적인 벚꽃길이 펼쳐지고 가을엔 각양각색의 나뭇잎과 산의 색채가, 겨울에는 진기한 눈꽃의 풍경 등 자연이 눈시린 배경으로 깔리는 학교, 그 안에서 자연을 닮은 학부모들이 교사들의 가슴을 뜨겁게 하며 솔선해 참된 아이들로 키우고 있는 것이다.

필자는 교육 목표를 '감동을 주는 교육'에 두고 있다. 학부모, 학생, 교사 교육공동체 모두가 서로서로 뭉클한 감동을 주는 상황들이 재현되다 보면 신뢰가 쌓이고 교육의 시너지 효과가 저절로 생겨날 것이다. 서로의 마음이 닿는 곳에서 긍정적인 에너지를 받은 아이들은 더욱 밝고 맑게 자라나게 될 것은 당연한 일이다.

　지난해에 전교생과 전 교사를 대상으로 시집을 출간했고, 본교인 화개초등학교에서는 동화집을 묶어 내었다. 이것 또한 가슴에 불을 지피는 감동을 주는 교육의 일환으로 여겨진다.

경남일보 2016년 3월 8일자

젊은이들에게 보내는 축원의 메시지

사범대학 졸업반인 딸아이가 서울 노량진으로 이사를 갔다. 임용시험을 위해 고시촌으로 들어가는 행렬단에 낀 것이다. 낭만이라곤 찾아보기 힘든 바쁜 대학생활을 보내고 취업전쟁으로 우리의 젊은이들이 너무도 힘든 나날을 보내고 있는 것이 작금의 현실이다.

필자의 경우는 대입만 치르고 나면 취업이 대다수 보장되는 시대였다. 교직도 대입을 통과하고 나면 졸업과 동시에 임용이 돼 여유 있는 시간 속에서 교단에서의 꿈과 희망을 가꾸고 키우는 대학생활을 할 수 있었던 것이다. 지금은 교단에서의 설렘을 안고 꿈과 희망을 일구기보단 오로지 임용되기 위하여 경쟁적으로 매진하는 삶을 살아가다보니 척박하기 이를 데가 없다. 채 피어보지도 못하고 시드는 듯한 젊은이들이 우리 시대의 자화상이라 할 수 있다.

 매번 맞이하는 새해이건만 누구나 그렇듯이 새해에는 각각 또 다른 희망을 품는다. 곳곳의 해맞이 장소는 희망을 갈구하는 인파로 북적대고 새해의 다짐과 기원과 소망들이 겹겹이 쌓이기만 한다.

 도종환 '덕담' 시가 떠오른다. '지난해 첫날 아침에 우리는/희망과 배반에 대해 말했습니다/설레임에 대해서만 말해야 하는데/두려움에 대해서도 말했습니다/산맥을 딛고 오르는 뜨겁고 뭉클한/햇덩이 같은 것에 대해서만/생각하지 않고/울음처럼 질펀하게 땅을 적시는/산동네에 내리는 눈에 대해서도/생각했습니다/오래 만나지 못한 사람들에/대한 그리움과/느티나무에 쌓이는/아침 까치소리 들었지만/골목길 둔탁하게 밟고 지나가는/불안한 소리에 대해서도/똑같이 귀기울여야 했습니다/새해 첫날 아침/우리는 잠시 많은 것을 덮어 두고/푸근하고 편안한 말씀만을/나누어야 하는데/아직은 걱정스런 말들을/함께 나누고 있습니다….'

 올해는 붉은 원숭이의 해로 붉은색은 음양오행 중 불에 해당한다. 생성과 창조, 정렬과 열정, 적극성을 뜻하고 있어 불이 번지듯 기운이 번창하는 것을 의미한다고 하는데, 파리한 낯빛의 우리시대 젊은이들이 열정을 불태울 수 있는 충분한 취업의 장이 마련돼 복사꽃빛 혈색이 돋는 따뜻한 한 해가 되길 바란다. 꾀가 많고 재능이 많은 동물인 원숭이해를 맞아 올해 우리의 경제 사회 문화와 정치에 이르기까지 전반에 걸쳐서 식상함을 거듭하지 않는 변화무쌍한 꿈이 이뤄지는 한 해가 되길 기원해본다.

경남일보 2016년 1월 4일자

전교생 시집 '하늘 위의 마을' 출간

필자가 속한 산골분교는 올해의 끝자락에 전교생의 시를 모아 엮은 '하늘 위의 마을'이라는 시집을 출간했다. 이 시집은 2015년 교육부 특별교부금 국가시책사업인 독서교육 진흥사업 공모에 선정됐던 학생 인문 책쓰기 동아리 '나도 작가!'의 활동결과물로써 동아리에 참여하고 있는 아이들뿐만 아니라 전교생 모두가 동참해 엮은 것이다.

올해 초부터 창의적 체험활동 시간을 확보해 4, 5, 6학년 전체 아이들을 대상으로 내부 시인선생님의 지도로 시창작 교실을 운영해오던 중 지난 4월에 학생 인문 책쓰기 동아리 아이들이 독서교육 진흥사업 공모에 선정, 책 출판비와 약간의 운영비를 확보하게 됐다. 이에 초청작가 체험 글쓰기 교실을 열어 꾸준히 시창작의 불씨를 지펴왔다. 그 결과 지난

9월에는 제1회 남일대전국백일장에서 장원과 차상을 획득하는 등 눈부신 성과를 거두기도 했다.

 이러한 1년 동안의 행적을 모아 산골의 전교생과 선생님들 동참해 시집을 펴낸 것이다. 그 결과물로 청정한 지리산 자락 맑은 산골 아이들의 메아리를 시집에 고스란히 담아내는 쾌거를 이룩해낸 것이다. 6학년 김○○는 "책에 나온 제 시를 보니 시인이 된 것 같아서 기분이 좋아요, 1학년 최○○는 우리들 시집을 내어서 너무 좋아요. 15,000원이나 되는 비싼 책을 만들다니 꿈만 같아요"라며 해맑은 웃음을 지어 보여 만감이 교차되는 감정을 지울 수 없었다.

 올해 화개(왕성)초등학교는 학교장을 비롯 시인 세 명이 소속돼 문학교육 인적자원이 풍부한 학교로 3월초부터 글쓰기교육과 각종 글짓기 백일장에서 문학의 팡파르를 끊임없이 울려 퍼지게 할 것이라는 기대를 모으고 있었던 터이다. 2015학년도 학교특색활동으로 본교에서는 1인1동화 작가되기, 분교에서는 1인1시인되기 프로젝트를 운영하며 글쓰기 교육에 심혈을 기울여 왔고 분교의 시집 출간에 이어 본교에서의 동화집 출간을 앞두고 있는 시점이다.

 분교는 올해에 이어 해마다 전교생 시집 출간을 계획하고 평사리문학관, 나림이병주문학관 등 지역사회와 연계한 인문체험활동 프로그램을 운영하고 더 나아가 학부모·지역사회 네트워크 프로그램을 운영해 나가는 한편, 산골 아이들의 가슴에 영원히 꺼지지 않을 창작의 불씨를 지펴나갈 꿈에 흠뻑 젖어 있다.

경남일보 2015년 12월 8일자

꽃을 피워낸 시간

 지난달 11일 (사)남일대보존회와 차인회가 주관하고 한국 문인협회 사천지회가 주최한 '제1회 고운 최치원 선생 남일대 전국 백일장'에 참가하기 위해 필자는 아이들 인솔을 하느라 운전을 무려 7시간 가까이 강행했다. 좁은 산골분교에서 생활하는 아이들에게 탁 트인 바다를 보여주고 싶은 마음도 있었고, 그동안 교실에서 익힌 시 쓰기 기량을 직접 글짓기 대회에서 발휘해 보는 시간을 마련해줘 아이들에게 성취감을 안겨주고 싶었기 때문이었다.

 결과에는 연연하지 말고 대회 자체를 즐기며 배운 대로, 느껴지는 대로 써보고 가자고 아이들을 격려했는데, 뜻밖에도 우리 분교의 5학년 아이가 장원을, 6학년 아이가 2위인 차상을 수상하는 영광을 차지했다. 필자가 근무하는 분교에서 올해 경남교육청에서 주관한 인문책쓰기동아리에 공모해 경남 초등 2개 학교에 선정돼 연말에 시집 발간을 위한 발행비를 확보해 놓고 시 쓰기 교육을 교육과정에 끌어들여서 실시해왔던 터였다. 국어교과서 외의 창의적 체험활동 시간에 시 쓰기 학습시간을 별도로 구성해 실시해왔기 때문에 잘 해낼 수 있을 것이라는 생각은 했지만, 전국규모 대회에 1등과 2등을 휩쓴 것은 산골에선 글쓰기 붐을 일으키는 큰 사건이 됐다.

시 쓰기 학습활동 중에도 탁월한 짓기 능력을 나타냈던 5학년 장원을 수상한 아이는 '장원 상금 60만원, 차상 40만원이나 줘서 깜짝 놀랐어요. 제가 장원이라니 하늘을 나는 것 같아요. 시 쓰기가 너무 좋아요.'라며 소감을 전했다.

본교인 화개초등학교와 왕성분교는 시조시인인 교장선생님을 포함, 시인 세 명이 소속돼 문학교육 인적자원이 풍부한 학교로, 올해 본교에서는 '동화쓰기', 분교에서는 '시 쓰기' 교육을 실시하고 있다. 연말에 본교는 전교생과 전 교사들이 엮는 동화집을, 분교에서는 시집을 발행할 야심찬 계획을 가지고 차근차근 준비를 하고 있다. 특히 인성교육과 연계해 생활이 시가 돼야 한다는 깨우침을 주어 시의 아름다운 본질을 이해하고 아름다운 실천을 할 수 있도록 했다.

지난 계절 꽃을 피워낼 시간을 견디어낸 순박한 산골아이들은 이 가을에 연이은 각종 글짓기 대회에서 문학의 팡파르를 울려 퍼지게 할 것이라는 기대도 함께 모으고 있다.

경남일보 2015년 10월 6일자

인생은 한 권의 책이다

　'파랑새'를 쓴 벨기에의 시인이자 극작가이며 1911년 노벨문학상을 수상한 모리스 메테르링크(Maurice Maeterlinck·1862~1949)는 인생을 한 권의 책에 비유했다. 인생은 한 권의 책과 같다. 우리는 매일 한 페이지씩 인생의 책을 써 나아간다. 어떤 사람은 잘 쓰고, 어떤 사람은 잘 못쓰기도 한다. 아름답게 쓰는 이도 있고, 추하게 쓰는 이도 있다. 공허한 페이지를 쓰는 사람이 있는가 하면 충실하게 한 페이지 한 페이지를 쓰는 사람도 있다. 맑은 노래가 담긴 페이지를 쓰는 이도 있고, 더러운 내용으로 가득찬 페이지를 쓰는 이도 있다. 그런가 하면 희망의 노래를 읊는 이도 있고, 절망의 노래를 부르는 이도 있다. 정성스럽게 인생의 책을 써 나아가는 이도 있고, 무책임하게 기록하는 이도 있다.

인생의 책이 세상의 책과 다른 점은 두 번 쓸 수 없다는 점이다. 세상의 책은 잘 못쓰면 지우고 다시 쓸 수 있다. 마음에 들지 않으면 찢어 버리거나 절판 내지 해판을 시킬 수 있다. 그러나 인생의 책은 다시 쓸 수가 없다. 또 다른 사람이 써 줄 수도 없다. 잘 쓰건 못 쓰건 나의 판단과 책임과 노력을 가지고 써 나아가야 한다. 오늘의 한 페이지 한 페이지가 쌓이고 쌓여서 일생이라는 한 권의 책이 된다. 우리는 하루하루의 페이지를 정성껏 써야 한다. 책임과 능력과 지혜를 다해서 그날 그날의 페이지를 충실하게 써야 한다. 글을 써 나가되 저마다 인생의 명저를 쓰기에 힘써야 한다.

세상의 모든 일에는 왕도가 따로 있을 수 없다. 정당한 수고와 노력을 하지 않고 지름길을 찾으려고 한다. 벼락부자 벼락감투를 탐낸다. 오늘날 우리 사회에는 무슨 일이든 정도를 밟으려는 생각이 점점 희박해지는 것만 같다. 그러다 보니 요행이나 우연과 변칙 그리고 불법의 길을 택하려고만 한다. 우리는 정도를 지켜야만 한다. 만일 인생의 왕도가 있다면, 정도가 바로 왕도인 것이다. 우리는 작은 일이건 큰일이건, 공적인 일이건 사적인 일이건 인생의 정도를 믿고, 정도를 걸어가는 멋지고 값진 자기만의 글을 써 나가도록 노력해야만 한다.

인생을 갈무리하는 시점에 사랑하는 이들을 불러 자신의

명저를 만면에 미소를 지으며 감상하고 축하받는 출판기념
회를 열 수 있다면 얼마나 좋을까.

경남일보 2015년 9월 8일자

바람직한 인성교육을 기대하며

　방학하고 난 뒤 반 아이들을 집으로 데려왔다. 담임 선생님집 방문 체험학습인 셈이다. 올해도 산골 아이들에게 평생 잊지 못할 추억을 제공해주고 싶은 필자만의 계획이 있었기 때문이다. 1시간 30분 거리를 태워주고 데려다주기까지 해야 하니 만만치 않은 과제이지만, 스마트폰과 컴퓨터와 더 친해 갈수록 깊은 대화를 이끌어내기 어려운 반 아이들과 내밀한 시간을 보내기 위해선 무엇보다도 가장 효과적인 일이라는 걸 체득했기 때문에 강행하는 일인 것이다.

　아이들과 함께 장을 봐와서 음식을 만들어 먹고 신안강변으로 산책을 나갔다. 자유롭게 노래도 부르고 춤도 추며 강변의 운동기구 등도 타보는 등 여유로운 시간을 가졌다. 흠뻑 땀을 흘리고는 빙수를 앞에 놓고 마주앉아 이런저런 대화를 나눴다. 그동안 몰랐던 아이들의 속 깊은 마음과 그들만의 세계를 접할 수 있는 유일한 시간이 됐다. 작은 일에도 그저 즐거워하고 눈빛을 반짝이며 무척이나 신기해하는 아이들을 가슴 속 깊이 새긴다.

지난 7월 21일자로 인성교육진흥법 시행령이 발표됐는데 너무 생소한 일이다. 지구상에서 유례없이 인성교육을 법으로 제정한 것은 교사로서 인성교육이 법적인 장치에 의해서 가능한 것인지, 국가와 지자체가 나서서 인성교육 정책을 추진하는 것이 과연 합당한 것인지, 어떠한 혼란을 야기시키진 않을까 하는 불안감부터 앞선다.

국립국어원의 표준국어대사전에 인성은 '각 개인이 가지는 사고와 태도 및 행동특성'으로 돼 있다. 사회적 환경, 가정, 제도교육이 인성 형성에 두루 영향을 미친다. 그 중에서 특히 가정환경이 인성형성의 근간이 된다는 것은 주지의 사실이다. 필자는 가정내 문해환경을 권한다. 도서관이 곳곳에 설치돼 있고 북버스도 등장한 시대지만 가정내 독서환경을 특히 권하고 싶다. 아이의 성장과정에 따라서 읽을거리도 바꿔주고 부모가 문해환경 자체가 될 수 있다면 가장 좋은 일일 것이다. '책 속엔 길이 있다'란 말은 퇴색되지 않는 명언인 것이다.

인성교육은 가르치는 제도적 교육에 앞서 자연스럽게 체득하는 환경적 장치를 필요로 한다. 진정한 변화는 강압적 강요에 의해 일어나는 것이 아니라 변화를 유도하는 부드러운 유인에 의해 일어난다는 '넛지효과'를 인성교육에 도입하길 기대해 본다.

경남일보 2015년 8월 4일자

학생창의력챔피언대회!

메르스 확산으로 학교의 각종 행사와 대회가 연기됐다. 한 팀에 5~7명으로 구성돼 초·중·고 참가학생이 121개 팀으로 무려 860여명이 모이게 되는 경남학생창의력챔피언대회는 대회운영의 창의성을 발휘해 직접평가가 아닌 동영상 평가로 시행됐다. 올해는 담당자들의 열정으로 획기적으로 많은 팀이 참가해 '생각의 힘을 키우는 과학체험교육 운영'을 적극 지원하고 있는 경남과학교육원에서 지난주 성황리에 실시됐다.

학생창의력챔피언대회의 근본목적은 도전정신, 비판적 사고력, 의사소통 능력, 상상력, 협업능력, 창의력 등 핵심역량을 함양시켜 청소년들에게 창의적 문제해결 능력을 길러줌으로써 21세기 지식기반사회를 선도할 인재육성에 두고 있다.

창의력챔피언대회는 이름 그대로 창의성을 필요로 하는 대회로써 난해하기 때문에 더욱 도전정신이 생기게 되고 열정을 불태울 수 있는 대회이다. 새로운 모험을 통해서 보람과 용기를 얻는 대회인 것이다. 심사관점은 이야기의 창의성과 완성도, 팀 재능의 창작성에 그 중점을 두고 있다. 과학과 극예술이 접목된 창의적 과제해결 능력을 요구하며 개인의 능력보다도 팀워크를 통한 창의적 문제해결 능력을 중시한다.

시·도별 발명인재육성협의회에서 주관하는 각 시·도 예선대회는 서면심사에서 선발된 팀에 한하여 표현과제와 즉석과제의 두 개로 나눠 각각 경연을 벌인다. 그 중 최우수의 성적을 받은 팀이 전국대회에 나갈 자격을 얻게 된다. 지난해 대한민국학생창의력챔피언대회에서는 경남의 초등 대표팀이 영예의 대상을 수상한 바 있다.

필자 역시 오랜 기간 창의력대회 학생지도에 신명나게 매진해 괄목할 만한 성과를 거두어 내기도 했다. '진정으로 즐기며 하는 일에는 성과가 따르는 법'이란 이치를 깨우치게 해준 대회이기도 하다. 올해는 28개 팀의 심사를 맡았는데, 나날이 발전해가는 기발하고 창의적인 학생들의 공연을 보며 경남 교단을 지키는 한 사람으로서 뿌듯한 마음을 가눌 길이 없었다. 열과 성을 다하여 이 대회를 키워나가고 있는 운영위원 여러분들의 노고에 박수를 보내고 싶다.

학생들이 좋아하는 대회, 학생들 개개인이 지니고 있는 무궁무진한 끼와 재능을 마음껏 펼칠 수 있는 대회, 단기간에 학생들이 폭풍 성장하는 대회인 학생창의력챔피언대회의 무궁한 발전을 기원해 본다.

경남일보 2015년 7월 7일자

산골학교의 밝은 미래

  필자가 근무하는 산골벽지 학교에서 올해 과학의 달에 개최된, 하동과학탐구올림픽대회의 '과학탐구실험' 부문에서 영광의 대상을 차지했다. 과학탐구올림픽대회는 '자연관찰'과 '과학탐구실험' 두 분야의 대회로 실시됐는데 '자연관찰' 분야에서 본교인 화개초에서 대상을, 과학탐구실험 분야에서는 금상을 획득해 소규모 학교 과학교육의 눈부신 성과와 열정이 주목을 모았다. 또한 올해 경남학생발명품 경진대회에서도 금상과 2명의 아이가 동상을 차지하는 등 그 성과가 대단했다.

  도시화의 물결과 저출산으로 인해 소규모 학교는 폐교가 되기도 하고 그나마 있는 학교마저 학생 인원수가 적어지고 존폐의 기로에 서있는 게 작금의 교육현장이다. 그 원인이야

여러 가지가 있겠지만, 어쨌거나 대부분 도심의 큰 학교를 선호하는 성향이 큰 영향을 미친다고 볼 수 있다. 교사들은 지금의 초등학생들이 사회의 주역이 되는 미래사회를 그려보며 가끔 얘기를 주고받는다. '공기 좋은 곳에서 아이들 하나하나가 학교 선생님들로부터 총애를 받으며 큰 학교의 두 배, 세배로 각종 대회 및 방과후 체험활동에 참여하며 건강하고 다부지게 자라나니, 소규모인 시골의 아이들이 다음 세대의 중심이 되지 않겠느냐며….'

지역을 번갈아가며 근무해본 필자는 도시에 있는 대규모 학교의 아이들에 비해 누릴 수 있는 혜택이 무궁무진하다는 것을 피부로 느끼고 있지만 일반인들은 잘 모르는 것 같다.

소규모 학교의 긍정적인 혜택을 짚어보면, 체육분야, 과학분야, 예능분야 등 각종 대회에 특출한 아이들 위주로 뽑거나 희망에 의해서 선별적으로 나가는 큰 학교에 비해, 전교생 모두 겹치기로 나가야 한다는 점이다. 호기심 많은 아이들은 때때로 바뀌는 다양한 대회에 곧장 재미를 붙이고 잘 치러낸다. 교사가 이끌어주는 대로 무궁무진하게 성장하기도 한다. 학원가가 없는데다 통학버스 하교시간이 보통 2회로 짜여져 있다 보니, 방과 후에 수익자 부담이 전혀 없는 학교의 방과후 교실에도 학교에 남아 거의 모든 아이들이 사물놀이, 바둑, 수채화, 댄스, 스포츠교실 등 다양한 체험활동을 하고 있는 점도 주목할 만한 사실이다. 그리고 무엇보다도 모든 교직원이 전교생의 이름과 성향이나 가정환경까지 다 알고 개별적으로 이름을 불러주며 상대를 해주는 점이 소규모 학교의 크나큰 혜택이라 할 수 있다.

경남일보 2015년 6월 2일자

산골학교 '나도 작가!'의 꿈을 갖게 되다

　최치원 선생이 지팡이를 꽂아두고 떠났다는 전설이 있는 지리산 자락 의신계곡의 수려한 풍광 아래 해맑은 아이들이 미래의 꿈을 수놓기 시작했다. 문화적으로 다소 소외된 소규모 벽지학교로 산골지역의 아이들에게 새로운 꿈이 생긴 것이다.

　필자가 올해 산골벽지 분교인 이 학교로 전근 와서 계획하고 시작한 교육활동이 바로 시 창작 교실을 개설한 것이다. 본교의 교장선생님은 문단에서 함께 활동하는 시조시인으로 올해 본교와 분교에 작가선생이 3명이나 배치된 점을 감안, 본교에선 '동화쓰기', 분교에선 '시 쓰기' 교육활동을 특색사업으로 추진했다. 글쓰기 교육은 아이들의 심성계발 교육으로 인성교육뿐만 아니라 꿈을 키우는 소질계발의 계기가 될 씨앗을 심는 뜻 깊은 교육활동 중의 하나인 것이다.

2015학년도 교육부 특별교부금 국가시책사업인 독서교육 진흥사업 공모에 분교의 학생 인문 책쓰기 동아리 '나도 작가!'가 선정돼 시행하고 있는 글쓰기 창작교실에 힘을 실어 주게 됐다. 올해 학기 초부터 창의적 체험활동 시간을 확보, 4~6학년 전체아동을 대상으로 시 창작교실을 운영하고 있던 중, 도교육청이 실시한 독서진흥 사업 공모전에 '나도 작가!'라는 동아리명으로 응모했다. 그 결과 학생 인문 책쓰기 동아리 분야에서 도 단위 초등 2개교 중 하나에 선정돼 학년 말 교육의 성과물인 시집 발간비를 확보해 놓았다.

본교 교장은 "본교에서는 1인1동화 작가되기, 분교에서는 1인1시인되기 프로젝트를 운영하고 있는데, 이번 학생 인문 책쓰기 동아리 선정으로 창작교실 운영에 탄력을 받을 것 같다. 비교적 문화적 혜택이 부족한 지역에서 글쓰기 창작의 횃불이 되어줄 것을 기대한다"며 그 소감을 밝혔다.

본 분교의 '나도 작가!' 책쓰기 동아리는 평사리문학관, 나림이병주문학관 등 지역사회와 연계한 인문체험활동 프로그램을 운영하고, 나아가 학부모·지역사회 네트워크 프로그램을 운영하며 산골 아이들의 가슴에 창작의 불씨를 지필 것이다. 필자는 진주에서 의신계곡으로 매일 한 시간 반 거리를 달려간다. 교사 4명이 이끌고 가는 조그만 분교의 교무회의도 오가는 차속에서 이뤄진다. 오로지 아이들의 행복과 교육수요자의 요구에 최대한 부합하려고 몰두하는 분교에서의 교육의 형태가 교사들이 꿈꾸는 이상적인 교육의 형태라고 생각된다.

경남일보 2015년 5월 4일자

교정에 희망을 심어주는 마음

지난 4월 1일은 필자가 근무하는 학교의 개교기념일이었다. 개교기념일과 식목일을 맞이해 학부모들께서 학교 운동장에 벚나무를 식재해 주었다. 지난해에는 애써 가꿔온 소나무 분재도 학교에 기증해 줬다고 한다. 트럭으로 나무를 옮겨 와서 운동장 한 귀퉁이에 심어 놓고는 교무실로 방문을 했다. 그 또한 교육활동에 심취해 있을 교직원들에 대한 배려의 몸짓이다. 각박하기만 한 현 시대에 보기 드문 감동적인 풍경이었다.

이곳 학교는 조그마한 분교인데도 학교전반 교육에 관심과 열정으로 긍정적인 힘을 불어넣어 주는 학부모들이 학생 수보다 많은 신기한 곳이다. 교육활동 설명회나 공개수업에도 학급의 학생 수보다 참석한 학부모가 더 많은 진풍경이 연출

되는 곳인 것이다.

지난 3월 교육과정 설명회에서의 일이었다. 필자가 국민의례의 애국가 지휘를 했는데, 반주소리가 노랫소리에 묻혀 지휘가 틀렸다. 우리나라 사람들은 이상하리만큼 애국가 노랫소리를 숨죽여 작게 부르는 경향이 있는데, 지리산 골짜기를 울릴 듯 우렁차게 부르는 학부모님들의 노랫소리에 깜짝 놀라 신나게 지휘를 하다가 반주보다 앞서갔던 것이다. 필자는 뒤이어 실시된 각 업무계획 발표시간에 한마디 멘트를 하지 않을 수가 없었다.

"제가 군중들 앞에서의 애국가 지휘 경력 27년에 노랫소리가 커서 반주소리를 못 듣고 지휘를 놓친 건 처음입니다. 왕성 학부모님들 멋집니다. 최고입니다!" 모두 환호성을 지르며 박수갈채를 보내주셨다. 참으로 작은 학교에 부임해 어안이 벙벙하리만큼 놀란 생소한 열정의 학부모들과의 만남이었다. 너무도 순박해 첫만남에서 또 한번 놀랐던 아이들의 부모들이었다.

순박함이 묻어나는 태도가 돋보이는 아이들의 배경이 바로 이러한 학부모의 학교와 교사에 대한 긍정적인 생활태도에서 비롯됨을 알 수 있었다. 어떠한 교육활동을 펼치든 비판이 앞서는 세상에서 열심히 해놓고도 좋은 시선만을 기대하지 않는 현대의 교사들의 아린 통념을 깨는, 학교에 대한 무한신뢰와 교사에 대한 존경과 감사가 존재하는 곳이다.

 학부모가 솔선해서 학교와 교사를 믿어주고 배려해주는 따뜻하고 아름다운 학교에 자동차로 한시간 반 거리를 출근한다. 고단함에 앞서 '오늘은 아이들을 무엇으로, 어떻게 행복하게 해줄까' 하는 고민을 하며 출근하는 자신을 발견하며 또 놀란다.

경남일보 2015년 4월 7일자

새로운 시작을 위하여

 이별은 또 다른 시작이라더니, 뜨거운 이별 끝 5년 만에 새로운 부름을 받고 더 깊은 골짜기, 십리 벚꽃길 끄트머리에 위치한 소규모 학교로 옮기게 되었다. 새 터전에서 새로운 여행이 시작된 것이다. 새 학기가 시작된 첫날에 입학선물로 화사하게 핀 시크라멘 화분을 하나씩 선사하는 입학식을 가졌다. 아이들은 화분을 받아들고 함박웃음을 짓는다. 새 부임지에서 처음 맞는 아름다운 풍경이었다.

 입학식이 끝날 무렵 낯선 사람들 틈 사이를 비집고 교가가 울려퍼졌다. '산림도 정기서린 화개골~ 존엄한 지리산맥 병풍 두르고 섬진강 푸른 물에 홍도화 뜨네….' 깊은 골짜기에 울려퍼지는 감각적인 색채가 짙은 노랫말이 가슴에 남는다. 되새김질을 하며 교실로 들어서니 아이들이 호기심 어린 눈망울을 반짝거리며 낯선 선생님을 맞이한다. 눈망울이 지나치게 맑고 깊다. 순간 가슴이 쿵~하고 내려앉는다. 생동감 있는 눈빛은 매순간 떨림을 갖게 하는 것이다. 눈빛을 반짝이며 따뜻하게 마주할 수 있는 새로운 만남이 산재한 세상은 얼마나 근사한 것인가.

유난히 맑은 산골 아이들의 눈망울을 마주하니 책임감이 들었다. 골짜기가 깊어질수록 교사로서의 사명감이 꿈틀대는 것일까. '그들을 매시간 충만하게 하리라. 많은 경험을 갖게 하리라. 한순간도 고여 있지 않게 하리라. 문화적 소외지역의 아이들의 꿈과 끼를 일깨우고 잘 가꾸어 나갈 수 있도록 최선의 노력을 다하는 조력자 역할을 할 것이다.' 마음의 울림을 듣는다.

여행을 좋아하는 '떠나면 알 수 있는 것들'의 저자 김상미처럼 필자 역시 새로운 길 위에서 행복감을 느낀다. 다소 주춤거리며 잠을 자던 세포가 다시 싱그럽게 뛰놀고, 반짝거리는 눈빛들 앞에서 새로운 열정이 솟구친다. 소심하다가도 또 대책 없이 용감하고 새로운 것을 시도함에 주저하지 않는다. 오감의 모든 촉수를 활짝 열어 주는 새로운 길 위에서의 매시간, 매순간들을 사랑한다. 영혼이 푸른 여행자로 매순간 뜨겁게 인생을 살고 싶기 때문이리라.

일상생활에서도 끊임없이 몸과 마음을 데우며 새롭게 다잡는 일이 중요하다. 새로운 마음가짐을 갖기 위해 반복돼 식상해지는 것으로부터의 변화를 주며 살아가야 할 것 같다. 오늘 이 감정을 잊지 않고 늘 새로 시작하는 새로운 마음으로 살아가야겠다.

경남일보 2015년 3월 3일자

우리의 결혼식 문화 이대로가 좋은가!

얼마 전 지인 자녀의 결혼식장을 찾았다. 결혼식은 화촉 점화, 개식사, 주례 입장, 신랑·신부 입장, 맞절, 주례사, 축가에서 기념촬영까지 일률적인 순서로 이뤄졌다. 바쁜 시간들 틈새 참석한 식장이지만 역시나 색다를 게 없는 결혼식 장면을 무심히 지켜보고 눈인사와 축의금 전달 후 돌아왔다. 예전과는 달리 신부화장과 사진기술의 발달로 변화는 다소 있어 보이지만, 그 전체적인 의식흐름과 결혼의 형식과 형태는 옛날 큰 의미를 못 느끼고 일괄적으로 치렀던 필자세대의 결혼식과 별반 다른 게 없었다.

일생일대 중요한 의식인데도 우리의 결혼식 형태는 도대체 감동이나 끌림은 느껴지지도 않는다는 것이다. 이런 결혼식을 치르고 봐오며 우리 결혼식 문화에 대해 누구나 개선해야 된다고 생각해 봤을 것이다. 그리고 바쁜 세상에 시간을 놓쳐 버려 할 수 없이 썰렁하게 계좌를 알아내어 축의금을 부치고 찜찜했던 경험도 한번쯤 가져봤을 것이다.

　유럽이나 일본 등 외국의 결혼문화를 보면 친척들끼리 모여 조촐한 만남을 갖고 소박한 파티를 여는, 그야말로 아름다운 축하모임 같다는 생각이 들었다. 하객이래야 50명 안팎으로 거의 다 친척이고 신랑·신부의 절친한 친구 몇몇이 모여 축하를 나눈다. 나름의 선물이나 축의금을 내기도 했는데, 우리와 같이 남의 눈치를 보거나 일정 기준액이 있는 것도 아니고 은행출납 창구같이 줄을 서 축의금을 주고 나가버리는 경우는 찾아볼 수가 없었다.

　우리도 더 이상 결혼식 당사자와 하객들에게 감동을 주지 못하는 형식적인 결혼식은 지양하고 획기적인 변화의 바람을 맞이하면 좋겠다. 세상에 하나뿐인 자신만의 결혼식은 화려함보다는 소박한 가운데 특별난 것이면 더 좋지 않을까. 허례허식을 버리고 결혼식에 드는 비용을 절감해 몇 년을 일해도 사기 어렵다는 집 사는 비용으로 예치하고 신혼을 시작하는 게 현명하지 않을까.

　조금씩은 변화되어 가고 있지만, 모순을 알면서도 용기를 내어 개혁하지 못하고 있는 결혼식 문화를 좀 더 적극적으로 바꿔 나가야 할 때가 된 것 같다. 퇴색된 축의금 악순환의 고리를 과감하게 끊고 진정 축하하는 마음을 담은 친척·친지들과 모여서 맛나는 음식을 나누고 하루를 즐겁게 보내는 성숙한 결혼식 문화가 되길 기원해 본다.

경남일보 2015년 2월 2일자

학교폭력승진가산점제
졸속운영의 실체

여태껏 시행된 정책 중 가장 졸속적인 정책이라고 학교현장에서 손꼽는 하나가 바로 '학교폭력 가산점제'이다. 교사들 간의 분열과 불협화음 그리고 부작용만 제공하는 학교폭력 승진가산점제를 폐지하라는 목소리는 끊임없이 터져 나왔다. 이 제도의 가장 큰 문제점은 승진 가산점의 혜택을 받는 교사를 교당 40%로 정해 놓고 선정하게 해놓은 데 있어 보인다.

학교폭력을 예방하기 위해서는 교사, 학생, 학부모 등 모든 학교의 구성원들이 폭력적인 교실의 문화를 평화롭고 공정한 학교문화로 재창출하기 위해 노력해야 하는데, 학교 공동체의 응집력을 도모해야 할 교육부가 이런 분열적 반교육

정책을 입안하면서 학생들이 무엇을 배우기를 기대할 수 있는지 묻고 싶다는 어느 교사의 발언에 대해 교육부 학교폭력 대책과 관계자는 교육활동에 대해 주는 인센티브는 어떤 활동이든 협력문화와 관련 부작용이 생길 수밖에 없는 것이라고 해명했다고 한다.

어떠한 정책이든 긍정적인 측면과 부정적인 측면이 공존하지만, 모호한 신징기준과 인위적인 선발기준에 따른 불협화음, 그리고 과도한 가산점 부여에 따른 부작용 등이 속출해 학교폭력 가산점을 받은 교사와 받지 못한 교사들 간에 학교 분위기가 냉랭하게 변하고 있는 등 문제점의 수위가 심각하기 때문이다. 승진에 관심 없는 교사가 많은 일부 학교에서는 서로 안 하려고 미루는 학교도 있더라는 얘기도 간혹 들려 오지만, 서로 점수를 따려고 달려드는 좋지 않은 모습을 보이는 학교도 있다고 한다.

차라리 가장 애쓴다고 볼 수 있는 학교폭력 업무 담당교사에게만 승진 가산점이 부여된다면 공감은 간다지만 교당 40%는 오히려 학교폭력 예방활동을 활성화시킨다는 취지에 부응하는 것보다는 가만히 앉아서 '남의 돌팔매에 밤 주워 먹기'의 속담을 떠올리는 부작용도 낳고 있다는 사실도 정책 입안자들은 분명 알아야 할 것이다.

승진 가산점을 폐지하고 학교폭력 유공 교사에게는 표창장을 수여하거나 학습연구년제 또는 학교폭력 선진사례 해외연수 기회를 부여하는 등의 부작용 적은 해결방안도 얼마든지 있지 않은가. 문제점을 부르짖는 현장의 목소리에는 어째서 귀 기울이지 않는 건지 해마다 이맘때면 마른 나뭇잎처럼 속이 타 들어가는 것이 작금의 교단현장이다.

경남일보 2014년 12월 2일자

발명한마당 체험의 장

지난 토·일 양일간 경상남도과학교육원 주관, 경남교육청이 주최하는 '2014년 발명한마당' 행사가 진성교육단지 내 체육고등학교 체육관에서 개최됐다. 발명한마당 행사는 각 지역의 영재교육원 발명영재반에서 한 해 동안 운영해온 발명교육 실적물과 발명품들을 한 공간에서 전시하고 체험해 볼 수 있는 기회를 제공함으로써 발명교육 정보교류의 장을 마련하고, 교사·학생들은 물론 일반인에게도 다양한 발명교육 활동과 발명품들을 관람할 수 있도록 해 지역의 발명문화를 활성화시키는 데 그 목적을 두고 있다.

필자는 지역교육지원청 영재원의 발명강사로 활동하고 있어서 이틀간 발명부스를 운영했다. 발명한마당은 하루에 2만여명의 학생들과 발명에 관심이 많은 관람객들로 성황리에 개최되었다. 행사에 참가한 많은 사람들은 각 발명영재학습에서 이뤄지는 독특한 교육내용들을 통해 창의적인 아이디어들을 얻을 수 있었으며, 부스마다 운영하는 체험활동으로 발명체험의 즐거움도 함께 느낄 수 있는 이런 행사가 자주 열리면 좋겠다는 소감을 피력했다.

경남과학교육원 원장은 내년에도 유관기관과 협조를 통해 경남의 발명교육 수준을 더욱 높이고 창의적 사고를 일깨우며, 지역 발명문화를 활성화시키기 위해 더 많은 사람들에게 발명한마당 행사를 관람할 수 있는 기회를 제공할 수 있도록 계속하여 운영할 것이라는 계획을 밝혔다.

현대는 발명이 대세인 세상이다. 국가경쟁력이 발명교육으로 좌우되는 시대에 미래 중점교육의 설정 방향이 보인다. 학생들의 무궁무진한 능력을 계발시킬 수 있는 발명교육, 그 계기가 되어줄 발명한마당의 성황은 교사로서 뿌듯함과 함께 자긍심을 갖게 해준다.

도내 과학교육을 위하여, 그리고 발명한마당 개최를 위하여 불철주야로 열과 성을 다하며 애쓰는 담당연구사와 오래 전부터 과학교육원에 근무하며 진정성을 다해 도내 과학교육에 심혈을 기울여 주는 경남과학교육원 원장께 현장교사로서 무한한 존경을 표하고 싶다. 주어진 일을 주어진 만큼

하는 사람들이 아닌, 귀찮은 일을 찾아 만들어 가며 열정을 쏟는 진정한 프로인 도내 과학브레인들과의 아름다운 호흡이 오늘날 과학교육의 눈부신 발전을 이루고 있다고 보여진다. 경남 과학교육, 영원히 파이팅!

경남일보 2014년 11월 4일자

'슬로시티 달팽이 프로그램' 운영

운동회가 끝난 텅 빈 운동장에선 아직도 해맑은 아이들의 환호성과 함성이 들리는 것만 같다. 분주하게 돌아가는 학교생활의 바쁜 걸음을 잠시 멈추며 이삭을 줍는 심정으로 숨을 고른다. 청명해진 가을하늘이 오늘따라 더없이 높아만 보인다.

악양면은 경남의 18개 시·군 중에 유일하게 슬로시티에 가입되어 있는 지역으로 2009년에 선정되어 5년째 슬로시티 사업을 진행 중에 있는 곳이다. 슬로시티(Slowcity)란 '유유자적한 도시, 풍요로운 마을'이라는 뜻의 이탈리아어 치타슬로(cittaslow)의 영어식 표현이다. 전통과 자연생태를 슬기롭게 보전하면서 느림의 미학을 기반으로 인류의 지속적인 발전과 진화를 추구해 나가는 도시라는 뜻이다.

필자가 근무하고 있는 본교는 슬로시티로 지정된 악양면을 비롯하여 하동군 지역의 다양한 유형·무형, 인적·물적 자료를 비롯한 지역사회의 자료를 충분히 활용해 아이들의 지역시민성, 국가시민성, 세계시민성 등의 '다중 시민성'을 육성하는 '슬로시티 달팽이 교육 프로그램'을 운영하고 있다. 이 프로그램은 슬로시티가 가지고 있는 전통과 문화의 예술적 자원들과 각 분야의 교육기부 자원들이 학생들과 만나 문화예술 활동과 공동작업을 통해 문화복지를 누리고 상대적 문화 박탈감을 해소하게 하는 프로그램이다.

이 프로그램 운영을 위해 먼저 교육기부 인적자원 네트워크 환경을 조성하여 슬로시티 지역사회 협력체제를 구축하고, 슬로시티 프로그램 적용을 위한 학교 교육 기반조성을 하였다. 이어 프로그램 개발을 위한 지역 자료를 수집하고 선정하여 워크북을 개발하고 적용했다.

프로그램의 예를 들어보면 '달팽이 학교' 활용교육, '하동군 생태해설사' 활용교육, '한국홍차학교' 활용교육, '향토체험길' 활용교육, '악양 힐링 수업콘서트' 운영 등과 같다. 아이들은 숲 이야기 활동에 참여하고, 섬진강 따라 토지길 걷기를 통해 숲의 생태를 느끼는 시간을 갖기도 하고, 차 만들기와 그림으로 그리는 슬로시티 생활이야기 수업 등으로 자연이 주는 아름다움을 오감을 통해 느끼는 체험수업을 만끽했다.

이러한 프로그램을 투입하여 운영함과 동시에 아이들과 학부모들의 긍정적인 반응이 기대이상으로 나타났다. 슬로시티와 관련해서 아이들의 교육에 직접 투입하고 있는 학교는 본교가 최초로서, 전국 10개 슬로시티 중 유일하게 학교와 학생들을 위해 슬로시티 예산을 사용하거나 프로그램을 운영하고 있는 곳으로 전국 슬로시티 사업의 모범이 되고 있는 것이다.

지역적 특성으로 악양면에는 지역 문화제를 바탕으로 공예지킴이, 그림책 작가 등 특기를 지닌 풍부한 교육기부 인적자원이 있어 전통문화에 대한 자부심과 함께 교육공동체와의 유기적인 자역사회 교육이 가능했다. 이 점을 잘 살려 활용한 자율연구학교 '슬로시티 달팽이 프로그램'이야말로 분야와 영역을 막론하고 융합을 요구하는 오늘날의 문명과 문화의 변화를 교육현장에 발 빠르게 투입한 악양형 혁신학교 교육프로그램으로 주목된다.

경남일보 2014년 10월 7일자

터닝 포인트가 될 수 있다면

 이제 2학기가 시작되었다. 가을 대운동회, 학예회, 각종 연구시범학교 보고회뿐만 아니라 연기되었던 수학여행과 야영까지 다시 거론되고 있어서 여느 해보다 더욱 분주한 2학기 교육활동이 펼쳐지게 될 것 같다. 연수 및 방과후학교, 각종 방학 중 집중프로그램, 돌봄교실 등의 운영으로 느슨해질 틈이 없는 여름방학을 보냈지만, 벅차게 다가올 2학기 여러 큰 교육활동 앞에서 긴장감마저 생긴다.

 아이들은 얼굴 가득 생기를 담고 2학기를 맞는다. 친구들에게 방학 중 체험했던 이야기들을 풀어 낸다고 바쁘다. 악동들이 여느 개학 때와는 다르게 더욱 맑고 밝은 미소로 담임선생님도 맞이해 준다. 방학 중 실행한 선생님댁 체험학습의 효과임이 틀림없으리라 여겨진다.

방학 중 반 아이들을 모두 1박 2일 동안 집으로 초대하였다. 담임선생님 집에서 함께 자고 먹으며 서로가 좀 더 밀착될 수 있으리라 계획했던 것이다. 함께 장을 보고 음식을 만들어 먹고는 집 근처 신안강변으로 산책을 나갔다. 아이들은 잘 조성된 강변산책로를 따라서 마냥 즐거워하며 폴폴거리며 뛰어다녔다. 체육공원에 이르러서는 운동기구로 운동도 하고 발 지압장에서 앓는 소리를 하면서도 즐겁게 지압도 했다.

9월에 댄스동아리대회에 참가할 아이들은 공연장으로 꾸며져 있는 무대 위에 올라가서 댄스공연도 해보았다. 열을 식힐 겸 어린이카페에서 팥빙수를 먹고 돌아오는 공원 산책길에선 꿈이야기를 하며 대화의 시간을 갖기도 했다. 개구쟁이들에게 안방도 내어주고 최대한 서비스로 편안함을 제공하려고 애썼는데, 기쁨으로 가득한 아이들의 얼굴을 보며 내게도 힘듦보다는 덩달아 행복해지는 시간으로 다가왔다. 짧은 시간이지만 마음껏 누려보게 하였던 담임선생님댁 체험학습의 기회는 아이들에게 예상보다도 더 큰 기쁨을 안겨준 시간이었음을 확신할 수 있었다.

더불어 함께 자고 먹으며 공감대를 형성한 특별한 시간을 보낸 만큼 2학기 교육활동에선 서로 끌어안으며 더욱 호흡을 잘 맞추어 갈 것이라 생각되어진다. 문득 기억의 언저리 저 너머에 자리 잡았던 초임지의 새내기 시절 아이들을 집으로 초대해서 숙박시켰던 뜨거운 그 시절이 떠올랐다. 그토록 아름다웠던 계절이 세파에 시달리며 잊혀져 갔었나 보다.

십대의 여행 한 번이 한 사람의 인생을 바꾸어 놓았다는 이야기가 있다. 교사로서 내 작은 몸짓이 아이들의 인생을 바꾸는 경험, 운명을 바꾸는 점 하나인 '터닝포인트'가 될 수 있을지도 모른다는 생각을 한다. 선생님집 초대도 그러한 관점에서 꿈을 찾는 계기를 마련해주고 싶은 마음으로 시작된 것이지만 결국은 나 자신을 위해서이기도 하다.

윤홍식의 '양심이 답이다' 중의 '사람은 때때로 맑고 순수한 시간이 필요합니다. 머리에 걸린 걱정과 근심도 내려놓고 가슴에 맺힌 미움과 원한도 내려놓고 마음의 상처도, 오염된 생각도 내려놓고 조금 기다리면 맑아지고 순수해집니다. 힐링의 시작입니다. 순수의식은 모든 오염된 것을 치유합니다.' 이런 글귀가 다가오는 계절이기 때문이다.

경남일보 2014년 9월 2일자

행복한 미래를 위해 아이들에게 '꿈'을 심어주자

아이들이 각자의 시간을 스스로 관리하는 방학에 들어갔다. 온전하게 스스로 자신의 안전을 돌보고 계획성 있는 생활을 해야 하는 아이들에게 담임교사로서 할 수 있는 학년별 방학 생활계획을 신중하게 짜서 보내고 방학 중 안전사고로부터의 안전생활 지도를 여느 해보다도 철저하게 했다. 특별히 경각심을 일깨우던 사고들이 떠올라 이번 여름방학은 유난스럽게 품안의 자식을 떠나보내는 심정까지 든다.

안전사고 염려 외에도 생활리듬이 깨어져 신체리듬이 깨지지는 않을까, 정신적으로 심하게 나태해지지는 않을까…. 방학 때도 각종 방과후 학교, 각종 캠프 및 학교 안팎의 다양한 체험교실 등 선택의 폭이 넓은 체험활동들이 많지만 학교와 각종 방과후 활동, 학원 등으로 꽉 짜여져 움직이며 끼와 열정을 쏟아내던 아이들이 방학생활 설계와 실천을 스스로 잘 해 나가야 할텐데 하는 염려도 앞선다.

담임교사로서 이번 방학만큼은 아직도 꿈을 찾지 못하는 아이들이 꿈을 찾는 방학이 되면 좋겠다는 생각이 어느 때보다 절실하다. '무엇을 잘하는지', '무엇을 좋아하는지' 체험으로 발견해 내는 체험교육 기회를 많이 가지면 좋겠다는 생각이 든다. 예전과 달리 꼭 어렵게 먼 곳을 찾지 않더라도 다양한 방과후 학교와 지역사회 교육프로그램의 직접 체험교육의 장도 많다. 직접 체험기회를 갖는 것도 마땅치 않으면 독서를 통해 간접체험의 기회라도 많이 갖길 바란다. 꿈이 있는 아이와 꿈이 없는 아이는 행복지수도 천지 차이이다. 꿈이 있는 아이는 미래에 대한 목표가 있기 때문에 즐겁게 공부하고 신나게 살아갈 수 있는 것이다.

그러므로 아이들에게 꿈과 희망을 키워 주고 자신의 미래를 스스로 생각해 보도록 체험교육의 기회를 많이 마련해주길 학부모님께 바라고 싶다. 영국 속담에 보면 '자식을 훌륭하게 키우려면 먼저 여행을 보내라'라는 말이 있다. 십대의 여행 한 번이 한 사람의 인생을 바꾸어 놓을 수도 있다. 인생을 바꾸는 경험, 운명을 바꾸는 점 하나, 그것을 '터닝 포인트'라 하는데 새로운 도전, 새로운 출발의 점, 그 위대한 시작의 기회가 될 수 있을 체험의 장을 제공해 주길 부탁드리고 싶은 마음이다.

  방학을 건강하게 지내려면 규칙적인 생활을 해야 한다. 생활 계획표를 짜서 그에 맞추려고 노력하다 보면 생활 리듬도 깨지지 않게 되고, 자신의 욕구를 절제하는 방법도 스스로 알게 된다. 아무리 훌륭한 꿈과 재주를 가지고 있다 할지라도 몸이 건강하지 못하면 성공할 수 없으므로 이번 방학을 이용하여 좋은 생활습관을 몸에 붙여 평생 건강한 생활을 하길 바라는 마음 또한 간절하다.

  '꿈을 꾸지 않는 한, 꿈은 절대 시작되지 않는단다. 그러므로 무언가 '되기(be)' 위해서는 반드시 지금 이 순간 무언가를 '해야(do)'만 해.' 스튜어트 에이버리 골드의 'Ping!'중의 이런 글귀를 떠올리며 방학을 앞두고 꿈을 찾는 방학이 되길 강조했던 마음이 아이들에게 잘 전달되어 싹 틔우길 바란다.

경남일보 2014년 8월 5일자

4부

학생창의력챔피언대회

곧 개최될 2014년 대한민국 학생창의력 챔피언대회를 앞두고, 지난 유월 경남과학교육원에서 경남 창의력챔피언대회가 열렸다. 경상남도교육청과 특허청 및 삼성전자가 주최하고, 경남발명인재육성협의회와 경남과학교육원 주관으로 개최되는 이 창의력 챔피언대회는 학생들의 끼와 창의성을 평가하는 대회로, 학생들의 창의적 문제해결 능력을 길러 21세기 지식기반사회를 선도할 인재 육성에 그 목적을 두고 있다. 올해 시·도 예선대회는 표현과제와 즉석과제 두 부문으로 치러졌다.

경남대회에서는 필자가 지도한 '섬진강레인보우2'팀이 영예의 '금상'을 획득하였다. 2010년도에 초등부 전체 경남 1위를 획득했던 '섬진강레인보우'선배들의 영광의 맥을 잇는다는 각오로 '섬진강레인보우2'의 이름으로 출전하여 2010년도에 이어 이룩한 또 하나의 쾌거인 것이다. 팀은 문제해결을 위해 다양한 방법을 탐구하여 그 결과를 예술적 요소와 공학적 요소로 나누어 표현해야 하는데, 극예술과 과학기술의 경연으로 다소 어렵게 느껴지는 창의력대회에서 문화적으로 소외된 소규모 학교 학생들을 통해 얻어낸 성과라서 보람과 성취감이 크게 다가온다.

'섬진강레인보우2'팀의 팀장인 황준성 학생은 "이 대회를 통해서 무엇이든 해낼 수 있다는 자신감과 도전정신을 배운 것 같아요. 너무도 신나고 재미있는 대회였어요. 뿌듯합니다"라고 소감을 전했다.

이 아이가 발견한 것처럼 필자는 교단에서 오랜 기간 창의력대회 지도를 해 오며 이러한 창의력대회야말로 학생들을 도전과 용기 있는 모험의 세계로 이끌며 잠재된 소질과 자신감을 이끌어내는 너무도 좋은 대회란 걸 대회가 열릴 때마다 절감한다. 창의력챔피언대회의 대회장 및 운영의 주체적 역할을 하는 교사들은 필자가 학생지도를 해오며 몸소 체험하고 느껴온 긍정적인 효과에 사명감을 불어넣으며 특별한 인센티브도 없지만 대회의 취지를 절감하면서 의지를 불태워가는 선진 교사들이라는 생각이 든다. 그 어느 대회보다도 학생들이 즐겁게 참여하며, 학생들 내부에 숨어있는 재능을 이끌어 내게 해 주고, 꿈과 자긍심을 심어주고 있다고 느껴지는 창의력대회는 필자 역시 내부에 숨죽이고 있는 끼와 도전정신과 모험정신을 끌어올리며 교사로서의 열정을 샘솟게 한다.

아이들은 한바탕 신나던 대회를 마치고 그렇게 재미난 대회가 있는 줄 몰랐다며 또 보내주라고 성화를 부린다. 모두가 해맑은 얼굴로 뭔가 또 재미나는 일이 없는지 찾으며 두리번거리는 모습이다. 재미있으면서 극대적 효과가 있는 교육프로그램이야말로 최상의 교육형태일 것이다. 발그레하게 상기된 볼로 새로운 아이디어를 창출해가면서 도전으로 들뜨던 아이들을 떠올리며 미래사회를 이끌어 갈 그들에게 꼭 필요한 도전정신과 모험정신을 심어주는 학생창의력 챔피언대회의 무궁무진한 발전을 기원해 본다.

경남일보 2014년 7월 8일자

숙성시간을 갖자

향기가 맑은 귀한 햇차가 나오는 계절이다. 학교 맞은편에 위치한 제다원에서 오늘은 차 만들기 체험학습 시간을 가졌다. 강사가 이끄는 대로 고사리 손으로 찻잎을 따내고 체험을 통해 녹차가 만들어지는 과정을 배우고 직접 따라하는 현장 체험 학습인 것이다. 차나무를 자주 접해보는 이 고장에 사는 우리 아이들은 차가 만들어지는 과정에 그 누구보다도 진지하고 열성적이었다. 곁에서 보니 아이들은 차 이름들과 만드는 방법을 이야기하는 강사의 말과 동작을 하나라도 놓치지 않으려고 안간힘을 다하는 표정이다.

차는 처음 덖을 때와 오래 덖기에 따라 맛이 다르고, 만드는 방법에 따라 종류나 그 이름 또한 다양하다. 나뭇잎을 따서 만든 차에는 크게 녹차, 반발효차, 발효차 세 가지로 구분

한다. 차의 이름은 제조방법과 잎의 크기와 모양에 따라서, 그리고 채취시기에 따라서 각기 다른 이름을 붙인다. 제조방법의 차이에 따라서 불발효 상태로 제조된 녹차와 반 정도 발효된 우롱차, 그리고 완전 발효된 홍차로 나뉘어진다. 찻잎의 크기에 따라서 작설차(참새의 혓바닥처럼 가늘고 여린 찻잎으로 만든 차), 응조차(매의 발톱처럼 억세고 야무진 모양을 잎으로 만든 차)로 구분된다. 그리고 작설차는 잎의 채취시기에 따라서 세작, 중작, 내작으로 구분되이진다.

녹차 만들기는 깨끗이 씻고, 약한 불에 덖고 말리는 작업을 아홉 차례 반복해 만들어진다. 실제로 시판되는 일반 녹차의 대부분은 서너번 정도 덖은 것인데 녹차에 조예가 깊은 장인들은 구증구포(아홉 번 덖고 아홉 번 비벼주는 것)를 최고로 친다고 한다. 특히 품격 있는 녹차 만들기는 상당한 정성이 필요하다고 하다는 것은 이미 널리 알려진 사실이다. 오랜 시간 정성을 들이며 덖고 비비고 터는 과정을 여러 번 반복하며 숙성시간을 갖고 비로소 완성되는 녹차는 덖는 과정이나 시간도 많이 걸리고 많은 정성이 그 질을 좌우한다는 것이다.

이렇게 차가 숙성과정에 따라서 맛이 달라지듯 인간 역시 '그 사람이 내적으로 지니고 있는 숙성도에 따라 세상을 받아들이고 또 그려가는 모습이 달라지질 않을까'하는 생각 속에 문득 빠져든다. 복효근 시인의 '상처에 대하여' 시에선 '잘 익은 상처에선 꽃향기가 난다'는 시구가 있다. '잘 숙성된 사람한테는 녹차향기가 우러난다'는 생각에 머문다. 숱한 세월의 흐름 속에서 잘 숙성되고 진득한 무게감과 더불어 맑은 향기를 내뿜는 사람이 그립기만 한 나날이다.

 하룻강아지가 범 무서운 줄 모르고 날뛰는 세상보다는 성숙된 범이 무서운 세상이 되길 바라는 마음 또한 간절하다. 침묵 속에 좌정하며 잘 듣고 잘 분별하며 자신의 삶을 착각 없이 잘 그려낼 줄 아는 혜안을 가진 향기 나는 사람들을 만나고 싶다. 오랜 시간과 관심 그리고 노력을 우린 색깔도 예쁘고 차향도 좋은 녹차 한잔으로 마음의 평화를 누리며 각박해져가는 세태를 담금질해보는 오늘 이 시간이다.

경남일보 2014년 6월 10일자

누군들 살아있다고 하겠는가

 비가 내린다. 맑은 날 가끔 내리는 비는 카타르시스 효과와 더불어 진지한 삶의 자세를 잊지 않도록 정서를 촉촉하게 적셔주는 역할을 해주는 것 같아서 좋았는데, 지금은 그와는 정반대로 반갑기는커녕 내리는 빗소리가 도무지 편치 않은 밤이다. 시시각각으로 들려오는 뉴스에 눈과 귀를 기울이며 머리를 조아리는 마당에 날씨마저 수색작업을 도와주지 못해 우리 모두를 애태우게 한다. 오늘 내리는 이 비는 우울감을 한층 짙게 하고 있는 것이다.

 4월 16일 참사 이후로 필자의 세상과 사고에도 많은 변화가 생기기 시작했다. 새싹에 반짝이는 햇살의 눈부심도, 싱그러운 초록의 아름다움도 도저히 가슴 깊이 다가오질 않는다. 모든 게 엉망진창이 되고 마음은 부표도 없이 허공에서 표류하는 느낌이다. 이맘때쯤 봄 햇살처럼 '까르르' 울려퍼지던 아이들의 웃음소리도 들려오지 않는다. 모든 체험행사가 무기한 연기되거나 취소되고, 모두가 숨을 죽이고 있는 듯 세상이 고요하고 침울한 느낌뿐이다. '전 국민이 우울증에 걸렸다'며 떠도는 말이 절감되는 지금이다.

빗소리에 불편한 심기로 뒤척이다가 책꽂이에서 '상실수업'이란 책을 빼어들었다. '인생수업'의 저자 엘리자베스 퀴블러 로스의 유고작 '상실수업'은 20세기를 대표하는 정신의학자이자 호스피스 운동의 선구자 엘리자베스 퀴블러 로스와 그녀의 제자 데이비드 케슬러가 죽음으로 내몰린 사람들을 인터뷰하여 얻은 메시지이다. 삶에서 꼭 배워야 할 것들을 정리한 '인생수업'이 죽음을 맞는 사람들에게 받은 메시지라면, 이 책은 남겨질 사람들에게 전하는 메시지이자 가르침이다.

'재해가 난무한 세상에서 인간은 인간이 겪게 되는 정적 경험의 수위와 영역을 벗어난다. 누군들 살아 있다고 하겠는가! 어떻게 이 세상에서 안전하다고 느낄 수 있겠는가!'

'슬픔을 치유하는 것은 종종 극도의 외로운 경험이다. 사랑하는 사람의 상실로부터 회복하는 데 도움을 주는 실제적 형식과 틀은 없다. 우리를 망연자실케 하는 감정을 극복할 도구는 없다. 친구들은 어떤 말을 해야 할지, 어떻게 도움을 주어야 할지 모른다. 우리는 상실 이후에 남아 있는 숱한 날들을 어떻게 살아갈 수 있을지 의문이다. 시간이 지남에 따라 두려움은 차례차례 우리를 공격해 오는 분노, 슬픔, 고독으로 정체를 드러낸다. 우리는 도움이 필요하다.'

세월호 사건은 우리 모두에게 상실감이 큰 아픔이기에 슬픔의 강력한 모델로 남을 것이다. 학교현장에서는 각종 안전교육과 더불어 학생들의 생활지도 및 심리불안 등 예방교육 강화에 힘쓰고 '청소년 우울증'과 '위기관리프로그램'에 신경을 곤두세운다. 누구에게나 마른하늘에 벼락처럼 평온하고 적조한 어느 시간대에 갑자기 일탈이나 파격의 순간이 올 때가 있다. 우리는 이제 아이들에게 슬픔을 다루는 법을 가르쳐 주어야 한다. 우리들 삶의 가장 큰 문제점들은 해소되지 않고 치유되지 않는 슬픔에서 생겨난다고 볼 때, 슬픔을 통과하지 않는다면 영혼과 정신 그리고 마음을 치유할 기회를 잃게 되는 것이다. 살면서 경험하게 될 상실과 죽음으로부터 우리 아이들이 그런 감정을 잘 이겨 나갈 수 있길 바란다.

경남일보 2014년 5월 13일자

새 학기에 걸어보는 작은 소망

바야흐로 각급 학교에서는 새로운 시작을 알리는 신학기가 시작됐다. 새로운 교실, 새로운 담임을 맞이하는 아이들의 눈망울이 초롱초롱하게 빛난다. 필자는 초등학교의 최고 학년인 6학년 담임을 맡게 돼 그들과의 첫 만남에서 꿈을 가져야 하는 이유와 한번 놓치면 다시 돌아오지 않는, 우리들이 살아가면서 기억해야 할 세 가지에 대한 얘기를 했다. 첫째는 시간, 둘째는 기회, 셋째는 말에 대한 이야기다.

요즘의 아이들은 훈화도 길게 하면 제대로 들으려 하지 않고 오히려 역효과가 난다. '가능한 핵심만 전달하고 적게 말하리라, 어떠한 기우도 담지 않으리라, 상담창구를 활짝 열어두리라.' 매해 새학기가 되면 다짐을 하는 것들이다. 올해는 특히 사춘기에 접어드는 시점에 만난 아이들을 위해 끊임없는 상담활동을 통해서 그들의 마음을 헤아리고 어루만져 주는 좋은 교사가 되려고 새삼 다짐해 본다. 무엇보다 학교폭력이 최고의 관심사가 되고 있는 사실을 생각해 볼 때, 그로 인해 상처받는 아이들이 없도록 따뜻한 상담자가 되고 싶은 것이다.

상담기술도 더욱 깊이 터득해 학생들과 적극적인 자세로 래포(rapport)형성을 촉진, 심리적 조력관계가 되고자 한다. 심리적 조력관계는 의사소통과 상호작용을 통해서 이뤄지는데 학생들에게 긴장감이나 불안감을 주지 말고 친근감을 가지고 이야기할 수 있도록 분위기를 조성하고 학생의 입장에서 문제를 보고 해결책을 모색하며 표면적 진술내용보다는 그 이면에 있는 감정에 더 많은 관심을 가져야 할 것 같다는 생각이 든다.

상담의 기본요건으로는 내담자의 존재, 성장, 발달이 지닌 가치를 인정하고 모든 조건을 편안한 마음으로 받아들이는 기회를 주는 한편 내담자의 입장과 관점에서 주어진 여건을 이해하는 공감대를 형성하고 상담의 목표와 동기가 서로 일치하는데 그 목표를 설정해야 한다. 참된 교수법이란 교사는 가능한 적게 말하고 학생들로 하여금 스스로 자유롭게 많이 말하게 하고 많은 활동을 이끌어내야 한다. 가급적이면 학생들 스스로가 문제점들을 찾아내게 하고 그들의 말을 많이 경청해줘야 한다.

　사람들의 귀가 외이, 중이, 내이 등과 같이 세 부분으로 이루어졌듯이, 말을 들을 때도 귀가 세 개인 양 들어야 한다는 말이 있다. 상대방이 말하는 것을 귀담아 듣고 무슨 말을 하고 있는지를 세심하게 귀 기울일 필요가 있다. 우리들은 흔히 상대를 내 잣대로 판단하고 내 기준대로 결론 내리는 경우가 허다하다. 그런 경우에 상처를 주고받으며 모두가 힘들어 한다.

　칼에 베인 상처는 시간이 흐르면 아문다지만 말에 베인 상처는 낫지 않는다는 말이 있다. 올해는 더욱 쓸데없는 말을 줄이고 남의 말을 많이 들으려고 마음을 단단히 다잡아본다. 청마의 해에 말(言) 때문에 상처를 주고받아서 말(馬)처럼 길길이 날뛰는 일이 없기를 다짐해 보는 새학기이다.

경남일보 2014년 3월 4일자

병실에서 느낀 소회

다소 어려운 수술을 마치고 설 명절 연휴를 병원에서 보내게 됐다. 환자들도 대다수 빠져나간 텅 빈 병실의 적막과 고요에서 쓸쓸하게 보낸 셈이 되고 말았다.

살아 있다는 사실은 움직이는 것이라고 채근질하며 살아온 필자 자신인지라 입원기간을 특별한 휴식의 기회로 생각하며 먹고 자고 TV보며 소소한 일상에 젖어들려고 무척이나 노력을 했었다.

우리가 살아오면서 한번 놓치면 다시 돌아오지 않는 세 가지가 '시간, 말, 기회'라고 하지 않았던가. 하지만 쉬려고 해도 푹 쉬지 못하는 뇌는 늘상 생각에 고인다. 운동을 위해 링거를 달고 각층 병동을 돌며 문득 뇌졸중 환자들의 병동에서

입원한 사람들의 나이의 통계도 헤아려본다. 40대 뇌졸중 입원환자가 가장 많았다. 그 다음 70대, 50대 순이다. 50대를 맞이한 필자의 머릿속에는 하필이면 설날에 이러한 시간을 보내야만 하는 미묘한 감정의 움직임에 긴 한숨도 쉬어 본다.

살아 간다는 건 죽어 없어질 육신을 면밀하게 불태우는 일이라며 쓸데없이 육신을 혹사시킨 필자도 뇌졸중 병동에 들어있지 않은 것만으로도 운 좋은 사람이라는 사실을 비로소 받아들인다. 살아 있는 동안엔 병원생활을 되도록이면 하지 않도록 해야 한다고 말씀하시던 어른들의 생각도 이제사 귀에 꽂힌다.

어느 분야에서든 열정적인 프로의 모습으로 살아가는 사람도 건강관리를 제대로 하지 못하면 이미 프로가 아니라더니, 무엇을 하든 어떻게 살든 기본에 충실하며 살아가는 사람의 자세가 역시나 프로라는 걸 다시 한 번 되새겨보는 계기가 되었다. 늘 기초와 기본을 따지며 살아 왔다 싶었는데 올해는 특히나 육신의 기초공사에 신경을 써보리라고 병실에서 혼자 주문처럼 외워보기도 했다.

크게 이룬 것 없이 살아 왔어도 고희에 접어드니, 떠들썩한 명예나 권력이 부럽지 않고 평범하고 알뜰하게 삶을 가꾸어

온 사람들에게 따뜻한 시선이 가고 소소한 일상의 행복에 젖어 살고 싶다는 생각에 자꾸만 머문다. 남은 반백년은 주변 사람들과 더불어 사람 냄새 나는 삶을 살아가고 싶다.

늘상 쫓겨다니는 교육계에서도 전국의 유·초·중·고·대학 교원들은 올해 교육이 나갈 방향을 염원하는 사자성어로 '本立道生'(본립도생)을 선택했다고 전한다. 본립도생은 논어 학이편(學而篇)에 나오는 말로 '기본이 바로서야 나아갈 길이 생긴다'는 뜻이다.

성적 위주의 교육을 인성교육 중심으로 전환하고 정치, 포퓰리즘, 톱다운 방식의 개혁에 휘둘리는 교육을 기본과 본질 회복으로 돌아가 중심을 잡아야 한다는 공통된 현장 정서가 묻어난 결과다. 현 정부가 추구하는 꿈과 끼를 살리는 행복교육은 인성과 지성을 겸비하는 기본이 바로서야 꽃 피울 수 있다는 의미에서 제안된 사자성어이다. 망망대해 우주를 출렁거리며 한바퀴 돌아온 교육계에서 다시 기초와 기본교육에 충실하자는 목소리가 짙은 것이다.

이런저런 소회로 필자 머릿속 올해 새해벽두의 화제는 인간의 삶에 가장 근간이 되는 '기초'와 '기본'의 충실에 머문다.

경남일보 2014년 2월 4일자

사람의 마음을 얻는 힘

 필자가 근무하는 학교는 지난 2일 교무실에서 전 교직원이 함께한 가운데 '청마의 해'를 맞이하는 시무식을 가졌다. 이는 지난 한 해 동안 교직원이 단합해 학생들의 인성함양과 인재 육성을 위해 무사히 다양한 교육활동을 펼쳐 온 것을 자축함과 동시에 희망의 새해를 맞아 더욱 발전하는 학교를 만들어 갈 것을 다짐하는 의미도 함께 담고 있었다.

 학교장님께서는 "학생과 학부모, 교직원 모두의 가정에 행복이 가득하길 바라며, 금년 한 해에도 전 교직원이 합심해 학생들의 인성과 창의성을 키우는 명품교육 활동을 펼쳐서 청마처럼 도약해 무한히 발전하기를 기원합니다"고 덕담을 남겨 주셨다. 2014학년도에 펼칠 교육활동에 대한 계획들을 이야기하며 '꿈을 키우는 명품 악양교육' 실현을 위한 실천 의지를 다지고, 청렴한 직장 만들기에 최선을 다할 것을 다짐하면서 활기차게 새해 업무를 시작하게 된 것이다.

방학 중인데도 어떠한 구속력도 없는 가운데 각양각처에서 학교의 시무식을 위해 스스로 모여든 직원들은 과연 어떤 사명감으로 모여든 걸까. 역시나 기대에 어긋나지 않는 학교장님께서는 말린 메기와 대구, 명태 등의 음식을 손수 마련해 오셔서 직원들을 반기셨고, 모두들 이런 성서운 시무식은 처음이라며 화기애애한 시간을 보냈다.

필자도 연말부터 먼 곳 지인들의 환대를 받으며 해맞이를 하고 여행하던 중에 학교 시무식 참석을 위해 그들과 헤어져 학교로 달려간 것이다. 조선시대 청빈의 대명사였던 황희 정승의 극진한 손님맞이처럼 오랜 지인들에게 분에 넘치는 극빈의 대접을 받으며 '사람의 마음을 얻는다는 것의 중요성'에 대해 깨우치고 있던 중이었다.

올 8월에 정년퇴임을 앞두고 지난 8월에 본교로 승진해 오신 교장선생님은 밤새 섬진강에서 참게를 잡아서 믹서기에 갈아서 업무에 지친 직원들에게 참게전을 손수 구워주는 따뜻한 어르신이기도 하다. 그러나 단호한 결단이나 위기를 극복하는 데 있어서는 한치의 주저함도 없이 리더가 갖추어야 할 덕목을 정확하게 실천하는 모습도 보여주시는 분이시다.

그는 오늘날의 쓰임을 위해 오래 고난과 험난한 가시밭길을 견딘 참스승의 표본이시기도 한 분이다.

 2011년 삼성경제연구소의 'CEO가 휴가 때 읽을 책'으로 선정된 저자 김상근 교수가 말하는 '메디치 가문'에서 배울 수 있는 '사람의 마음을 얻는 법'이란 책이 떠올랐다. 메디치 가문의 사람들은 사람들의 마음을 얻어 세상을 얻었다. 물질이 우선이 아니라 사람이 우선이었고, 사람의 마음에 창조와 열정의 바람을 불러일으켜 새로운 시대를 창조했다. 무엇보다 그들은 신의를 지키는 사람들로 한번 맺은 인연을 소중히 여기며, 자신을 낮추는 겸손한 처신으로 한 시대를 풍미하게 되었던 것이다.

 세상을 살아가면서 사람의 마음을 얻는 것처럼 경이로운 일이 또 있을까. 오랜 세월을 견뎌 온 멋진 노송 같은 교장선생님과 사람의 마음을 얻어 한 시대를 풍미하게 되었던 메디치 가문을 떠올려보는 새해는 이제 시작이다.

경남일보 2014년 1월 7일자

학교폭력 근절을 위한 승진가산점 부여의 허(虛)와 실(實)

올 4월에 학교폭력 예방 및 해결 기여 교원에 대한 승진 가산점 부여 시행계획이 각급 학교에 시달되었다. 목적은 학교폭력 예방 및 해결 등을 위해 노력한 교원에게 승진 가산점을 부여하여 학교폭력 근절 분위기 조성과 교원의 사기 진작을 위한 것이라 명시하였다.

이 승진 가산점은 학교당 교원의 40%의 범위 안에서 연 0.1이란 승진점수가 부과된다. 승진 가산점 선발 대상 기준을 살펴보면 대상 항목을 학교폭력 예방활동, 학교폭력 발견 및 상담활동, 학교폭력 대응 조치활동으로 정하여 세부적인 평가내용을 안내하고 학교단위로 평가내용의 준거를 재수립하여 실시하게 하였다.

따지고 보면 0.1이란 승진점수는 승진하려고 줄을 서 있는 교사들의 입장에선 아주 큰 점수이다. 청소년단체 담당업무를 맡은 교사가 5년을 꼬박하여 받는 승진점수가 5년 만에 0.074점이다. 이것도 승진점수를 부과하지 않다가 청소년단체 활성화를 위하여 4년 전에 졸속으로 만들어진 승진 부과점이다. 처음 시행계획을 전달할 때는 8년 간 청소년단체 담당업무를 맡아 활동을 하면 4년째부터 0.04점씩 승진점수를 부과하여 8년까지 0.2점이란 점수를 준다고 시달했었다. 그러나 이로 인하여 청소년단체에 집중적으로 목숨을 거는 교사들이 늘어나고 여러 가지 문제점이 발견되자 시행 2년 만에 5년간만 점수를 인정해 주기로 다시 개정하고 말았다.

정책적으로 어려운 과제를 활성화시키기 위한 파격적이고 획기적인 승진 부가점이라도 부여하여 교사들의 관심을 학교폭력 근절에 집중시키고 주의를 모은다는 건 좋은 일이다. 좀처럼 근절되지 않는 학교폭력 근절을 위해 내놓은 특단의 조치로 관심을 유도하는 일종의 '넛지효과'(nudge effect·부드러운 개입을 통해 타인의 선택을 유도)를 활용한 것으로 이해는 된다. 하지만 차제에 "이건 아니다. 문제가 많다"라는 현장의 높은 목소리를 간과해서는 안될 것이다.

정책제안과 반영에 있어서 단면만 보고 짧은 잣대를 갖다

대어 왈가왈부를 하려는 건 아니다. 하지만 정책입안자들은 이 승진 부가점 부여에 대한 정책이 학교폭력 근절에 그나마 기여할 수 있다면 성공이라고 봤을 것이다. 그러나 이 정책의 가장 큰 문제점은 학교폭력 승진 가산점 부여는 담당업무의 교사에게만 부여하는 게 아니라 전 교원의 40%의 범위에서 부여한다는 것이다.

과연 이렇게 커다란 무리수를 두면서 과감하게 시행하는 정책이 얼마나 학교폭력의 근원적인 근절에 영향을 미칠 것인가. 이렇게 하여 교사의 줄을 제대로 세울 수 있는 판별도구의 기준이 얼마나 명확하게 마련될 수 있겠는가. 40% 안과 밖을 어떻게 엄밀하게 구분할 것인가. 모든 게 문서화시킨 실적에 한할 것인가.

벽지가 없는 대도시의 학교 일부에선 승진을 포기한 교사들이 양보를 하는 웃지 못할 미덕 아닌 미덕을 보인다는 얘기도 들려온다. 현장에서 꿋꿋이 교육에 전념해야 할 교사들이 졸속적인 광풍정책들로 인해 갈팡질팡 흔들리다가 추풍낙엽처럼 흩날리고 분산되지 않길 기원해 본다.

경남일보 2013년 11월 5일자

돌아온 한글날

　한글날의 사전적 의미는 한글의 우수성을 널리 알리고 세종대왕의 성덕과 위업을 추앙하기 위한 기념일로 되어 있다. 한글날이 법정공휴일에서 사라지자 한글날을 인지하지 못하는 사람들이 많아졌다.

　올해 10월 9일은 567주년 한글날로 공휴일에서 제외된지 꼭 23년 만의 일이다. 우리나라처럼 문자를 공휴일의 근거로 삼는 것은 세계적으로 이례적인 일로 쉬는 날이 많아서 노동생산성이 떨어지고 기업의 비용증가로 경제적 손실이 크다는 이유로 1991년 법정공휴일에서 제외되었다.

　세계적인 과학잡지 디스커버지는 1994년 7월호 특집에서 '세계에서 가장 합리적인 글'이라는 말로 한글의 우수성을 역설했다. 국제연합 개발계획 리포트(2007~2008년)는 OECD국가 중 최상위 독해능력을 가진 국가로 우리나라를 꼽으며, 정보통신 강국의 원동력이 한글에서 비롯됐다고 분석했다.

또한 지난해 '세계문자올림픽'에서도 한글이 2년 연속 1위에 오르며 세계에서 유일하게 발음기관을 본떠 만든 표음문자로 과학적인 구조로 짜여져 배우기 쉽다는 언어학적 요소가 높은 평가를 받았다. 이뿐만 아니라 언어학자 촘스키는 '한글은 환상적인 꿈의 언어' 라며 극찬했으며, 미국 소설가 펄 벅은 한글을 가장 익히기 쉽고 훌륭한 글자라며 세종대왕을 한국의 레오나르도 다빈치라고 비유했다.

자음은 발성기관인 아음, 설음, 순음 ,치음, 후음을, 모음은 우주의 원리를 나타내는 하늘, 땅 사람을 근간으로 하여 만들어진 가장 진보된 글자로 평가받는 이 한글 덕분에 우리나라는 세계에서 문맹률이 가장 낮은 나라로 꼽히는데, 우리 국민들은 정작 한글이 어떻게 우수한가 하는 것을 설명해내지 못하는 경우가 허다하다.

한글의 큰 장점은 다양한 음을 표기할 수 있다는 것이다. 여러 가지 입체적 음을 한 글자에 쉽게 표기할 수 있다. 또한 철자별 발음이 일정하다는 점이다. 이 두 가지가 한글의 우수성으로 손꼽힘을 기억해야 하겠다.

 이러한 우리의 한글은 오늘날 정보화시대에도 적합하게 컴퓨터, 휴대폰, 인터넷 등 정보기술(IT)매체에 궁합이 잘 맞는 문자라고 한다. 알파벳으로 발음을 입력한 뒤 해당문자로 변환시켜야 하는 다른 나라의 언어와 달리 자판에 압력하는 즉시 표시된 문자가 기록되는 한글의 컴퓨터 업무능력은 경제적 효과가 뛰어난 것으로 평가받고 있는 것이다. 분초를 다투는 초고속 정보화 시대에 속도를 앞서 간다는 것은 큰 의미를 지닌다. 정보통신 강국의 원동력이 한글에서 비롯됐다고 분석하는 이유도 여기에서 기인되기도 한다.

 그러나 외래문화의 유입과 정보통신의 발달로 정체도 알 수 없는 어휘들이 한글을 대신해서 일상어가 되는 요즘 한글날의 복원은 우리 문화의 총체인 '한글'을 제자리로 돌려놓고 그 의미를 되새기자는 뜻으로써 단순히 법정공휴일 이상의 큰 의미를 더듬어봐야 할 것이다.

 시사계기교육이 한창이었을 시간 각 교실 창밖으로 한글날 노래가 터져 나온다.

 강산도 빼어났다 배달의 나라/긴 역사 오랜 전통 지녀온 겨레/거룩한 세종대왕 한글 펴시니/새 세상 밝혀주는 해가

돋았네/한글은 우리 자랑 문화의 터전/이 글로 이 나라의 힘을 기르자….

경남일보 2013년 10월 7일자

우리의 장례문화 이대로가 좋은가?

아침저녁으로 시원한 바람이 가을의 문턱 9월을 실감케 한다. 매년 음력 8월 초하루를 전후해 후손들이 조상의 선영을 찾아 가족별·문중별로 벌초를 다니는 '벌초행사'가 한창인 때이다. 늦어도 추석 명절 전까지는 벌초를 마무리하는 게 조상에 대한 예의라고 생각한다. 이처럼 우리에겐 '벌초문화'가 오래전부터 뿌리 깊게 내려져 있다. 객지로 떠난 가족들도 이때가 되면 돌아와서 벌초를 하기도 한다. 비록 고향을 떠나서 살고는 있지만 아이들에게 자신의 뿌리가 어디인지를 직접 느끼게 하기 위해 함께 왔다며 아들에겐 힘들지만 의미 있는 하루가 될 것이라고 말하는 사람도 있다. 가족·문중들과 함께 조상의 묘를 찾아 벌초하며 조상을 기리는 진풍경인 것이다.

그러나 벌초행렬이 이어지면서 안전사고도 잇따라 발생하

기도 하니 때로는 가족의 건강을 염려하는 기우도 적지 않은 것 같다. 예초기가 보급되면서 벌초하기는 한결 수월해졌지만 그에 못지않게 안전사고도 계속 늘고 있기 때문이다. 요즘은 예초기에 의한 안전사고도 하루 평균적으로 7명이라 하고, 올해 역시 벌에 쏘여 사망하는 사람들도 예년에 비해 부쩍 많아졌다.

절기상 풀의 성장이 멈춰 풀베기가 가장 쉬워서 벌초는 보통 추석을 앞둔 이 시점에 하는데 도시인으로서는 '처삼촌 뫼에 벌초하듯' 대충하기도 쉽지 않다. 어른 키를 웃도는 잡목이나 덤불 더미 때문에 산소 위치 파악도 쉽지 않고 갑작스러운 뱀의 출현이나 말벌과의 싸움도 이겨내야 한다. 익숙하지 않은 낫질은 물론 예초기를 잘못 다뤄 팔, 다리를 다칠 수도 있다. 이래저래 곤욕이 아닐 수 없다. 그러다 보니 추석을 앞두고 벌초를 다른 곳에 맡기는 사람들이 해마다 급증세를 보이고 있어 벌초대행이 늘어나고 있는 추세이다. 심지어 후손들에게 벌초 전후의 모습을 사진 등으로 전송해주는 서비스까지 제공돼 호응을 얻고 있다고 한다. 벌초를 맡기면 조상을 기리는 의미가 퇴색된다는 부정적 시각도 있지만, 오히려 시간과 비용을 아낄 수 있으므로 출향민들의 관심이 많다고 한다. 고향을 떠난 바쁜 도시민들에게 벌초대행 서비스가 새로운 문화로 자리 잡고 있는 것이다.

보건복지부에 따르면 우리나라 화장률은 2011년 기준 71%에 이르고 앞으로 더욱 증가할 것으로 진단된다고 한다. 이에 따라 조상을 생각하고 후손의 도리를 되새겨보는 소중한 기회로 여기기도 하는 벌초 풍습이 지금 10대가 어른이 될 무렵이면 아예 사라질지도 모른다는 것이다. 학교에서는 '우리의 장례문화 이대로가 좋은가?'를 오랫동안 토론과제로 지속시켜 왔다. 장단점이 뚜렷해 토론을 펼쳐 나가기에 적절한 과제이기 때문이다.

해마다 이 시기가 되어서 시간에 쫓기고 밀리는 차량행렬에서 벌초행사를 바꿔 나가면 좋겠다며 힘들어 하는 사람들의 얘기가 들려오는 반면 조상과의 소통이라는 우리 정신문화의 맥이 끊기는 것은 아닌지 염려된다는 우려의 목소리도 들려 온다. 장례문화가 바뀜에 따라 벌초행사의 존폐까지도 달려 있으니 이는 하루아침에 바뀔 성질은 아니고 많은 사람들이 원하고 선택해 가는 장례문화의 방향에 따라 벌초행사도 새로운 우리 문화의 양상으로 나타날 것으로 예감된다.

필자는 개인적 생각으론 인생 말년에 바람 따라 구름 따라 떠도는 차분한 가을날의 나뭇잎 같은 후기(?)를 원한다. 굳이 눈에 보이게 되새김질시키지 않아도 영원히 정신적으로 각인될 수 있는 그런 조상으로 남고 싶은 것이다.

경남일보 2013년 9월 3일자

사랑과 집착에 대한 소고

　눈부신 오월에 정열을 불태우던 붉은 장미가 담장 아래에 흘러내리는 모습을 지켜보아야 하는 유월이 왔다. 화려한 자태를 뽐내는 장미의 꽃말은 '애정', '사랑의 사자', '행복한 사랑' 등으로 알려져 있다. 유월의 산책길, 곧이어 꽃잎을 떨구어 낼 장미를 대하면서 사랑에 대해서, 인생에 대해서, 우리네 삶에 대해서 생각해 보는 시간을 잠시 가져본다.

　사랑이란 무엇일까. 신비롭고 아름다운 사랑이란 감정 때문에 인류의 역사가 바뀌고 국가가 변하고 사람의 인생마저 변화시키기도 한다. 사랑에는 이처럼 무서운 마력이 숨어 있는 것 같다.

　오래전 서울에서 20대 청년이 '결혼을 반대한다'라는 이유

때문에 인질극을 벌인 일이 있었다. 더욱 안타까운 일은 인질극을 벌이는 과정에서 그만 사랑하는 사람의 어머니를 살해하고 말았다는 소식이었다. 사랑을 빙자하여 사랑하는 사람의 어머니를 사망케 한 것은 집착에 의한 편집증 때문에 벌어진 비극적인 일일 뿐이라는 생각이 든다.

사랑은 자유다. 사랑은 멈추지 않고 끝없이 흘러가는 강물이며 구름이며 자유롭게 하늘을 나는 새다. 그런데 사람들은 사랑은 죽을 때까지 하나만 사랑하여야 하며 또한 영원할 거라는 편견을 가지고 있기도 하다. 사랑이란 정체는 혼자만이 누릴 수 있는 것도 아니고 영원할 것 같지만 결코 영원하지 못한, 변덕이 심한 알 수 없는 감정이기도 하다. 이렇듯 사랑이라는 것이 정체불명의 변덕쟁이 감정임을 잘 알면서도 우리는 스스로 깊은 함정에 빠져들곤 한다. 사랑이라는 것을 소유와 연결시키려는 잘못된 사고에서 위와 같은 사건이 터지곤 한다. 우리들은 그런 상황을 '집착' 때문에 벌어지는 일이라고 말한다.

사랑에 대한 집착을 주제로 만든 소설과 영화를 우리는 많이 보아왔다. 인기소설가에 대한 팬의 광적인 사랑을 다룬 '미저리'와 '적과의 동침'이란 영화가 그 대표적인 영화라 할 수 있다. 영화의 내용에서 보여주듯이 사랑이 집착을 부르고 '집착(Absession)'은 상상할 수 없는 정신질환의 하나인 '편집증(Paranoia)'이란 감정으로 연결시켜 결국은 스스로 자멸하고 마는 그런 불행한 결말을 맞이하고 만다.

그 외에도 외아들에게 집착해서 정신병적인 증세를 보이는 한국영화 '올가미'와 '처음 만나는 자유' 등 영화들이 많이 나와 있다. 우리네 삶에 있어서 사랑과 집착은 살아가는 내내 큰 화두를 던지며 다각도의 무수한 조망을 시도하면서 사람들을 일깨워 주려고 하고 있음을 알 수 있다.

더 이상 '집착'과 '편집증'과 같은 주관적인 감정, 즉 일방통행 같은 감정을 사랑이라고 표현하면 안된다. 사랑이란 놓아주는 거고 더 자유스럽게 해 주는 것이다. 사랑은 신뢰를 먹고 살기 때문이며 신뢰는 헌신이 있어야 가능하기 때문이다. 하지만 집착은 움켜쥐는 것이다. 집착은 사랑이라고 생각하는 것을 구속하여 자유가 없는 것이다. 이러한 집착은 늘 부정과 의심을 동반한다. 많은 사람이 사랑하기에 집착을 한다고 착각을 하는 경우가 많다.

사랑한다는 것은 그 사람을 믿고 자유스럽게 해주는 것이고, 사랑받는 사람은 그 사람을 위해서 더욱 헌신하는 모습을 보이는 것이다. 자신이 가지지 못해도 사랑하니까 포기할 수 있는 게 사랑인 반면, 집착은 내가 못가지면 남들도 못가진다는 것으로 집착이 심해지면 결국 상대도 자신도 모두 파멸시키고 말아버리는 무서운 것이다.

 장미향 진하게 퍼지는 공원 산책로 담장 아래에서 아름다운 사랑으로 갈무리하는 우리네 남은 삶에 대해서 다시 한 번 더 생각해 본다.

경남일보 2013년 6월 4일자

아이들의 놀이문화를 회복시켜줘야 한다

 교실 유리창으로 쏟아져 들어오는 햇살이 눈부시다. 멀리 보이는 산의 나무들이 수채화를 그려 놓은 듯 옅은 연둣빛에서 하루가 다르게 점점 초록으로 물들어가고 있다. 산천초목이 깨어나고 각양각색의 꽃들로 생동감을 더하는 계절이다. 이렇듯 아름답고 빛나는 오월이면 독일 괴테 시인의 오월을 찬양한 '오월의 노래' 시가 떠오른다.

 '오오 찬란하다/ 자연의 빛/ 해는 빛나고 들은 웃는다// 나뭇가지마다 꽃은 피어나고/ 떨기 속에서는 새의 지저귐// 넘쳐터지는 가슴의 기쁨/ 대지여 태양이여/ 행복이여 환희여// 사랑이여 사랑이여/ 저 산과 산에 걸린/ 아침 구름과 같은/ 금빛 아름다움// 그 기막힌 은혜는/ 신선한 들에/ 꽃 위에

넘친다/ 한가로운 땅에'

　학교 정원과 교실 화분에 놓인 꽃들이 형형색색으로 화사하게 피어나는 빛나는 계절, 자연이 생동감을 얻어가는 아름다운 교정엔 꽃과 나무가 가득차는 오월이 계절의 쳇바퀴를 따라 다시 돌아왔지만 예전과 달리 정작으로 꽃 중의 꽃인 아이들의 모습은 보이지 않는다. 다소 긴 점심시간이 되어도 아이들 스스로 운동장에서 모여 놀이를 하며 뛰는 모습은 찾아보기가 힘들다.

　필자의 어린 시절에는 틈만 나면 운동장에 나가서 고무줄놀이와 비석치기, 공기놀이 등으로 시간을 보냈었다. 동네의 공터에서도 해가 질 때까지 아이들의 웃음소리가 떠나가질 않았다. 시대의 흐름상 놀이문화가 예전과 다른 양상을 보이며 달라져 가고 있는 건 받아들여야 하지만 스스로 협동하여 뛰는 모습이 사라져가는 건 심히 우려되는 일이다. 주5일제 시대에 토요스포츠데이를 활성화시켜 아이들에게 신개념의 스포츠게임 활동 등을 활발히 전개시키고 있지만 아이들 스스로의 놀이문화는 터져 나올 기미가 보이지 않아 안타깝다.

　2009년 한국청소년정책연구원이 각국의 통계보고서를 바탕으로 분석한 아동의 생활패턴 국제 비교분석 보고서에 우리나라 아동은 영국에 비해 두 배가 넘는 시간을 책상 앞에서 보내고 있고, 수면시간은 OECD(경제개발협력기구) 주요 국가 중에서 가장 적게 나왔다고 한다. 학교 안팎에서 공부하고 잠을 자는 시간을 제외한 나머지가 아이들의 놀이시간인데, 한국은 선진국의 아이들에 비해 절대적으로 부족하다는 결과가 나온 것이다.

스트레스는 늘어나고 몸의 움직임은 줄어들 수밖에 없는 아이들의 환경을 개선해주는 게 우선 시급한 문제로 보인다. 어울려 뛰어놀면서 배우게 되는 사회성과 협동성은 스트레스가 병리적으로 나타난 현상이라고도 볼 수 있는 학교폭력도 잠재우는 효과를 가져올 것이다.

학원에 안가면 아이들을 만날 수 없기 때문에 학원을 마지 못해 보낸다는 어떤 학부모의 이야기도 떠오른다. 아이들의 놀이문화를 찾아주는 길은 개인, 학교, 가정, 어느 한군데서 떠들어서 되는 문제가 아니다.

잘 노는 아이들이 맡은 일도 잘 해낸다는 것을 우리는 알고 있다. 우리 아이들이 아름답고 빛나는 봄날을 몸을 움직여서 마음껏 뛰놀며 느낄 수 있도록 오월의 햇살만큼 화사하고 찬란한 놀이문화를 회복하면 좋겠다.

경남일보 2013년 5월 7일자

지금은 학교폭력 예방교육에 매진 할 때

　벚꽃이 만개했다. 한 시간 넘게 걸리는 출근길은 다소 고단한 편이나 다양한 꽃들의 향연으로 무릉도원으로 나들이 온 기분에 취하게 된다. 하얗게 만들어진 벚꽃터널에선 곧이어 꽃비가 내릴 듯 한데 봄비가 내릴 것이라는 소식에 은근히 염려가 된다. 피고 지는 게 자연의 이치지만 얼마 전 청초하게 올라오던 목련꽃이 하루를 빛내고 갑자기 거무스름하게 시들어진 것처럼 모가지째 뚝뚝 떨어지는 동백꽃 아래에 서면 가슴이 서늘하다. 문득 채 피어보지도 못하고 스러진 어떤 아이의 생각이 고여온다.

　지난 달 11일에 학교폭력으로 인해 자살한 피해학생이 유서에 '경찰 아저씨들, 학교폭력은 지금처럼 해서는 100% 못잡아낸다'는 글을 써서 화제가 된 적이 있었다. 학교지킴이,

CCTV설치, 스쿨폴리스 확대 등도 필요하지만 보다 주도면밀하고 강력한 학교폭력 근절대책이 필요하다는 지적이다. 때마침 경남도교육청에서는 학교폭력 근절을 위해 여느 해와는 다르게 획기적으로 대응하는 대책을 내놓았다. 학교폭력 근절을 위해 힘쓴 각 학교의 40%의 교사들에게 10년에 한번 따기도 힘든 승진부가점을 해마다 부여한다는 정책을 내놓아 학교폭력 근절의 확고하고 강력한 의지를 드러냈고, 구체적인 폭력근절 대책을 다룬 '학교폭력예방 업무 워크북'을 제작하여 각 학교에 배포하였다. '학교폭력예방 업무 워크북'에는 학교폭력 전담기구 구성 및 역할과 사안조사 진행과정 그리고 자치위원회 구성 및 운영, 피해학생 보호 및 가해학생 조치 등 학교폭력 업무를 체계적으로 진행시킬 수 있는 지침을 마련했다.

2013학년도 경남학생 생활지도 기본계획에는 학생 생활지도의 구현목표를 '폭력 없는 안전하고 행복한 학교 만들기'로 두고 자율과 창의에 바탕을 둔 실천중심의 인성교육과 학생 자치활동 강화를 통한 학교문화 개선 그리고 꿈키움교실 운영 내실화 등의 전략목표를 세우고 여느 해보다도 보다 강력하게 학교폭력 근절을 위한 움직임을 보인다.

또한 학생, 학부모, 교사, 민간단체, 경찰청, 교육청 등 교육공동체가 학생들의 꿈을 지키고 폭력 없는 안전하고 행복한 학교를 만들기 위해 모두가 하나가 되어 참여하는 활동으로 '2013년 꿈나르미 보안관제'가 운영된다. 각 학교마다 발대식을 하고 있는데 이것은 향후 모든 도민이 '꿈나르미 보안관'의 역할을 할 수 있도록 학교-지역-도 단위의 종합적인 학교폭력 예방 네트워크를 구성하는 발걸음이다.

　학교폭력을 더 이상 못 참겠다고 폐교 요구 교사 탄원으로 유명한 독일의 루틀리 스쿨사건은 학생들의 사회성 및 감성 교육의 중요성을 크게 인식시킨 계기가 되었다. '학교폭력예방 업무 워크북'의 첫머리에 명시한 '학교폭력을 넘어 인성교육으로'의 문구가 눈길을 끄는데, 보이지 않게 질기게 뿌리박고 있는 학교폭력 근절을 위해서 학생들의 주의를 모을 수 있는 흥미진진하고 신명난 문화예술교육과 체육교육의 활성화도 필요하다. 예방과 근절을 위해서는 사람들뿐만 아니라 음악, 문학, 미술, 운동 등의 심리치료요법 등의 각종 교육방법과 심도 있는 교육정책도 총동원하며 모두 함께 나서야 하는 것이다. 그리하여 보이는 세계와 보이지 않는 세계 사이의 숨겨진 그 경계의 틈새인 '사각지대'에서 주도면밀하게 일어날 수 있는 폭력도 예방하고 뿌리 뽑을 수 있도록 해야 할 것이다.

경남일보 2013년 4월 2일자

강력한 '교권보호법' 제정이 절실한 때

　계사년 새해가 선명한 일출도 보여주지 않고 구렁이 담 넘어오듯 시작되었다. 슬기로운 동물 뱀해를 맞이하여 삶의 지혜에 대한 각성 때문인지 새해 들어 며칠째 연속적으로 꿈을 꾼다. 뒤죽박죽 섞이는 개꿈이 아닌 지난 일들이 되살아나 미처 깨닫지 못했던 상대방의 마음이라든지 그때의 입장과 상황을 보여주는 꿈으로 자꾸만 뒤척이는 것이다. '그래~ 그럴지도 모르지…' 하면서 깨어나 또 다른 깨달음을 얻기도 한다. 현실에서 미처 생각지 못했던 상대의 깊은 내면까지 무의식 속에서 더듬어진다는 게 신기하기까지 하다. 뱀띠로 뱀해를 맞이하며 또 다른 사념에 젖는다.

　지금 학교는 방학중이다. 그러나 교사들은 학력캠프와 다문화가정 학습지도, 각종 방과후 교실이며 각종 연수 등으로 거의 매일 출근하고 있다. 갈수록 더 열정적이어야 하고 여느 때보다도 열심히 일하고 있는 게 작금 우리 교단의 현실인 것이다.

 필자의 아이들은 엄마가 많은 시간을 학교일에 붙들리는 걸 보면 교사 직업은 선택하고 싶지가 않다고 한다. 교사란 직업은 아예 희생과 봉사정신을 가슴 밑바닥에 깔아 놓고 시작하지 않으면 하기 힘든 직업이라고 이야기를 해준다.

 나이가 들어갈수록 문제를 다양한 방법으로 접근할 줄 알고 숨겨진 본질을 간파하는 통찰력이 점차 늘어나는 것 같다. 어떠한 제도의 도입과 사건의 결과에도 긍정적·부정적 작용에 대해 성찰할 줄 알기 때문에 오히려 함부로 의견을 피력하기가 쉽지 않다. 단지 아이들의 사소한 다툼 앞에서도 '달걀이 먼저다, 닭이 먼저다'고 따지기 전에 벌어진 일을 해결해 나가는 쪽으로 생각을 모아주길 권할 뿐이다.

 무력한 교단이 갈수록 멍들고 있다. 학부모와 교사 사이에 현재 일어나고 있는, 입에 올리기 부끄러운 상식 밖의 일들이 비일비재하다. 현장에서의 교권침해는 상상을 초월해 일어나고 있다. 교사들은 갈수록 최선을 다하는 자세를 보이지만 학부모와 학생들의 횡포로 인한 교단 황폐화는 날이 갈수록 더욱 심각해지는 것 같다. 일부라고 축소시켜 버리기엔 너무도 만연한 게 교단의 현주소이다. 근원을 따져보고 반성하고 잘해 보려고 애쓰는 것만으로 교권 회복의 길은 요원하기만 하다.

지금이야말로 좀 더 강력한 방법으로 실추된 교권을 바로 세우고 움츠러든 교원들의 사기를 북돋워줄 수 있는 '교권보호법' 제정이 절실해 보인다. 교단의 권위와 교권이 존중되는 학교문화를 구축할 방안이 시급하다는 것이다. 인간성을 갖춘 창의적 인재는 국가의 경쟁력이라지만 이러한 환경 속에서 보고 듣고 배우며 인간성을 갖추지 못한 창의적 인재는 국가의 재앙이 될 것이라는 우려도 생겨나고 있다. 이토록 멍든 교단에서 키워지는 미래의 인재들이 과연 무엇을 보고 배울지 심히 걱정이 된다.

필자도 타인의 선택을 유도하는, 부드러운 개입을 뜻하는 넛지(Nudge)의 교육효과를 앞세우며 실천하려고 애써 오는 사람이지만 교권확립은 더 이상 느긋하게 대응할 사안이 아닌 것으로 간주된다. 상부기관에 민원만 넣으면 꼼짝도 못한다는 생각으로 조금이라도 마음에 안 들고 걸려 들기만 하면 왜곡된 민원 올리기로 명예훼손도 서슴지 않는 현시점에서 교권보호에 대한 제대로 된 강력한 대응책이 필요한 것이다.

경남일보 2013년 1월 8일자

교원들의 수급 조절이 시급한 때

 한 해의 끝자락에 들어서니 수능과 임용고시 결과로 주변의 분위기가 어수선하다. 사범대와 교육대를 졸업하여 임용을 준비해온 후배들의 합격소식보다는 '또 떨어졌다'는 소식이 더 많이 들려온다. 3수, 4수를 하고도 낙방하여 낙심을 하는 젊은 후배들을 지켜보기가 어쩐지 민망스럽기 짝이 없다.

 영국의 교육전문기업 피어슨이 지난달 이코니미스트 산하 분석기관 EIU에 의뢰하여 우수한 성과를 이끌어내는 핵심요인을 분석한 '학습곡선 프로젝트' 결과에 따르면 세계 40여개 주요국을 대상으로 조사한 '인지능력과 교육성과' 지표에서 다른 국가들과는 압도적인 차이를 보이며 핀란드가 1위, 한국은 2위를 기록했다고 한다.

한국과 핀란드 교육의 비결을 분석한 결과 그 핵심은 교사였다. 결국 교육성과를 결정하는 가장 중요한 요인은 교수의 질이라는 것이다. 그리고 우수한 교사 다음으로 손꼽히는 요인은 교육을 중시하는 문화로 나타났다. 교육강국의 비결은 우수한 교사이고, 교육적 성과는 교사를 존경하는 풍토에 그 바탕을 두고 있다는 결과로 집약된다.

우리나라 역시 핀란드와 마찬가지로 상위 10% 이내의 학생들이 교직에 들어서고 있는 현실로 우수한 학생들이 교단으로 흘러 들어오고 있다. 치열한 경쟁을 뚫고 교육대나 사범대에 입학하여 교원이 되기 위해 거쳐야 할 과정도 만만치 않거니와 교육과정을 이수한 후에도 임용되는 것은 낙타가 바늘구멍에 들어가는 것 이상으로 힘든 것이 오늘날 우리 교단의 현실이다.

우수한 학생들이 교단으로 몰려 오는 것은 어쨌거나 환영할 만한 일이지만 언급한 바와 같이 상위 10%의 학생들이 사범대와 혹은 교육대로 교원이 되겠다고 몰려드는 정도면 충분하지 않은 것일까.

학생들이 대학에서의 교원양성 과정 동안에는 보다 자유스러운 분위기에서 교단에서의 우수한 교사로 거듭나기 위해 꼭 필요로 하는 인성함양뿐만 아니라 다중재능인인 제너럴스페셜리스트를 원하는 미래사회의 학생들을 이끌 수 있도록 교사 스스로 각종 취미활동을 통해 여러 가지의 경험을 하고 특기를 쌓는 시간이 더 필요한 것 아닌가 하는 것이 필자의 소견이다. 어떠한 제도적 장치도 반대급부는 따라오는 것이지만 치열한 경쟁을 뚫기 위해 교원 임용고시를 향해 달려가는 대학생활의 현실에선 교사의 역량을 키우는데 오히려 한계가 있어 보인다.

필자가 교육대학에 입학할 당시에는 들어가기는 힘들어도 일단 입학만 하면 졸업과 동시에 임용은 보장되는 그런 시대였다. 물론 그때처럼 100% 임용이 보장되는 것도 교사양성 과정의 대학생활에서 자칫 일탈의 가능성을 열어 두는 일도 될 수 있겠지만, 교원임용이 적체되어 수급조절이 제대로 되지 않는 현실에서 빚어지는 문제들의 심각성과는 비길 수가 없다.

차제에 시급히 바라는 것은 수요와 공급을 잘 조절하여 졸업과 동시에 학생들이 곧바로 임용될 수 있는 제도적 장치이다. 이러한 제도적 개선이야말로 교단에서 필요로 하는 우수한 교원들을 확보하게 하여 수치상의 교육성과가 아닌 진정한 교육성과로 핀란드를 넘어서는 교육강국으로 우뚝 서게 해줄 일일 것으로 생각된다.

경남일보 2012년 12월 11일자

음악을 통한 구원, 기적의 오케스트라 '엘 시스테마'

얼마 전 지역에서 학생 합창합주대회가 열렸다. 필자는 소규모 학교에서 멜로디언, 아코디언 등 기본악기를 장만해 조그마한 기악합주단을 만들어 대회에 참가했다. 오랜 세월 합주단을 이끌어 오면서 '아이들이 진정으로 무대를 즐기게 하고, 관객들의 귀와 눈을 환하게 하여 감동을 선사하는 공연'으로 이끄는 데 목표를 두고 지도에 임해 왔다. 올해 연주곡은 베토벤의 '환희의 송가'와 '오페라의 유령'이었는데, 대회에 참가한다기보다도 연주회처럼 오페라 가면과 의상, 동작 퍼포먼스를 가미한 공연을 선보였다. 성취의 보람과 감동의 무대를 갖게 한 덕인지 올해 대회에서 대상을 차지했다. '진정으로 즐기는 사람은 아무도 따라잡지 못한다'는 속설을 입증한 것이다. 합주단엔 틱 장애아도 포함돼 있었는데 보람차고 행복해 하며 한층 밝아진 아이가 음악치료 효과도 보았으리라고 짐작된다. '엘 시스테마'처럼 아이들을 음악을 즐길 수 있는 세계로 이끈 것 같아 마음이 뿌듯했다.

'엘 시스테마'는 남아메리카 북부 카리브해에 인접한 베네수엘라의 국립 청년 및 유소년 오케스트라 시스템 육성재단을 일컫는 말로, 베네수엘라에서 35년째 진행되는 기적 같은 이야기를 담은 실제 다큐멘터리 영화이기도 하다. 15세 정도의 나이면 마약에 찌들고 함부로 총기를 휘두르는 아이들을 구원하기 위해 그들이 택한 방법은 치안유지도 총기사용 금지도 아닌 '오케스트라' 구성이었다. 그들이 처한 현실로는 그림조차 그려지지 않는 오케스트라와 합창단이라는 음악으로 무엇보다도 삶의 즐거움과 스스로를 행복하고 가치 있는 존재로 여기게끔 하는 일이 벌어진 것이다

1975년 어느 허름한 창고에서 전과 5범의 소년들이 포함된 11명의 소년단원들이 바로 그 기적의 첫 신호탄이었는데 이렇게 시작된 '엘 시스테마'가 현재는 베네수엘라 전역에 걸쳐 약 184개에 이르는 센터를 운영하며 범국가적인 차원에서 운영되고 있다. 창립자인 아브라우 박사의 신념은 범죄로 만연했던 한 국가와 한 사회 그리고 그 속에 자리하는 한 개인을 구하는데 성공했다. 배 고프고 가난한 빈민가 출신의 아이들에게 음악을 통한 인격형성과 정서함양은 한 사람, 한

사람의 꿈을 키워 사회에서 어엿하게 자리매김할 수 있는 기회의 장을 제공한 것이다.

 영화의 공연에서는 클래식 공연의 정적인 무대모습 대신에 파트별로 일어나 신나게 합주하기도 하고 연주자가 무대 중앙에 나와 춤을 추면서 관객들의 흥을 돋운다. 객석을 가득 메운 까무잡잡한 피부의 반바지 차림 아이들도 흥에 겨워 자연스레 무대와 하나가 된다. 음악이 주는, 오케스트라가 만들어내는 무대와 객석이 하나로 이뤄낸 황홀한 경험이며 마법의 시간임이 틀림없어 보인다.

 '모든 사회문제는 배척하고 외면하는 데서 더 심각해진다'는 인식의 바탕 위에서 개인과 기관 그리고 정부의 노력이 한데 어우러져 만들어낸 이 기적의 오케스트라는 음악사업이 아닌 사회사업의 일환으로 어떤 문제를 정면으로 바라보고 회피하지 않으면서 긍정적인 방향으로 사회를 움직여 갈 수 있는 힘을 보여준다.

 학교폭력으로 떠들썩한 현시점에서 '한 사람이 꾸는 꿈은 꿈에 지나지 않지만 많은 사람이 같은 꿈을 꾸면 현실이 된다'는 것을 보여준 베네수엘라의 '엘 시스테마'를 떠올려본다.

경남일보 2012년 11월 6일자

가을의 초입에서

　기승을 부리던 더위가 어느새 자취를 감추고 아침저녁으로 싸늘한 기온이 살갗에 파고들어 잠시 잊고 살았던 가을을 떠올리게 한다. 여름 이불과 묵은 여름의 흔적을 걷어내고 생활의 환경을 바꾸며 가을날에 주로 들춰보던 오래전의 일기장을 열어 보았다. 읽다 보니 잊었던 이야기들과 십년도 넘은 마음의 기록들까지 시간을 거슬러 올라가 시간여행을 하게 되었다.

　십여년 전에 문인들 사이에서 글제로 자주 등장하여 화제가 되었던 '미리 쓰는 유서'가 눈에 띈다. 그 글제로 시와 수필을 쓰기 위해 여럿 동호인들과 전남 보성 대원사의 티벳박물관에 만들어져 있는 '죽음 체험방'을 찾아가서 관에 누워서 죽음의 기분을 맛보고 밤새 고민하며 유서를 적어 보던 기억이 새롭다. 낡은 일기장 속에서 잊혀졌던 사람들과 박제된 기억들이 하나둘 되살아나는데 그땐 지금보다도 더욱 삶에 진지한 자세로 임했던 흔적이 역력해 보인다. 문득 바쁘고 거친 삶에 묻어나는 스트레스 속에 갇혀 있는 현재의 못난 자신을 발견하고는 새삼 놀란다.

스트레스는 해결해 나가야 하는 일의 양과 어려움에서 오는 것보다 주로 사리사욕과 아름답지 못한 마음들 속에서 오는 것 같다. 무수한 이야기들이 펼쳐지는 세상과 집단 속에서 마음을 정화시키고 한결같이 고요하게 삶을 꾸려간다는 건 속인들에겐 쉽지 않은 일 같다. 지난날 혼돈과 방황 속에 백두산 천지가 사람들 마음의 심연인 양 수차례 찾으며 헤맸던 흔적이 일기장에서 튀어 나와 온종일 머릿속에 맴돌아 되뇌어 본다. 마음여행은 영원히 지속되어야 할 삶의 숙제 같다.

간절히 보고 싶었다
십수 년 속내 한번 비춘 적 없던 심연
울울창창 침묵을 가둬 놓은
천지를 찾아
천치 천치라고 내뱉으며

무슨 꽃 이름이 그래?
호범꼬리 산매발톱 호노루발 개박쥐나물

삼잎방망이는 또 뭐야
구름국화라든지
별꽃은 어디로 다 숨어버린 거야

더 이상 질곡의 삶 받아들일 수가 없어
그믐달의 포효에도 가녀린 모가지를 꺾지 않는
바람꽃을 닮고 싶었어

보여줄 듯 보여줄 듯
짙은 운무 아래 몸 숨기는 그 심연(深淵)
온전히 다 보여주고 싶은 게 사랑일까
옆 얼굴만 보고도 연민할 수밖에 없는 게
사랑일까

하산길
백두산 마타리 떼 지어 흔들리며
노랗게 노랗게 웃는다.

경남일보 2012년 9월 11일자

베푼 만큼 도움을 얻는 삶

 도둑고양이 울음소리에 깨어난 새벽이 스산하기만 하다. 해갈되지 않는 삶의 목마름이 무더위 속에서 파김치마냥 처져 무력하게 보내버린 여름이었다. 오늘은 창문으로 들어오는 바람이 가을예감으로 미간에 스쳐온다. 문득 까마득히 잊고 있었던 세상의 모든 사물들이 내는 소리가 화안하게 들려온다. 소리에도 그림자가 있다더니 그 짙은 메아리가 가슴에 남는다.

 '실낱같은 소리라도 밖으로 표출하려면 실낱같은 바람 한 가닥이라도 만나야 한다'던 이외수 님의 잠언이 떠오른다. 번데기 둥지를 틀었던 나태의 껍질을 벗고 다시 웅비하여야겠다. 때때로 침잠하는 시간도 필요하지만 좋은 인생으로 갈무리를 하고 싶다면 사람과 사람 사이의 만남, 일과 예술의 만남, 오늘과 어제의 만남 등 모든 만남들이 보다 적극적이고 의미있어야 되겠다는 생각을 해본다.

좋은 만남은 때론 사람의 운명을 바꾸기도 한다. 윈스턴 처칠이 어렸을 때 수영을 하다가 익사 직전의 위기에 처했던 적이 있었다. 그때 정원사의 아들이 구해주었다고 한다. 그 일이 인연이 되어 어려운 형편이었던 정원사의 아들은 처칠 아버지의 지원을 받아서 의과대학을 마치고 훌륭한 의사로 성장한다. 처칠이 영국의 총리가 되었을 때 급성폐렴에 걸려 의식불명의 위험한 지경에 이르게 되었는데 또다시 그 정원사의 아들인 의사가 치료를 해서 목숨을 구하게 된다. 그 의사가 바로 처칠 아버지의 도움으로 의사가 된 뒤 백신연구에 종사하여 페니실린을 발견해서 많은 생명을 구한 알렉산더 플레밍이었다. 그렇게 주고받는 인연으로 엮인 처칠과 알렉산더 플레밍, 이 두 사람의 인연은 20세기에 가장 아름다운 인연의 하나로 꼽힌다.

이 일화는 만남의 중요함뿐만 아니라 우리 인간의 삶도 '베푼 만큼 도움을 얻는' 자연의 법칙 안에 있음을 보여주기도 한다.

필자에게도 잊을 수 없는 삶의 멘토인 스승님이 몇 분 계신다. 삶의 지도를 잘 그릴 수 있도록 올곧은 방향으로 이끌어주시는 스승님, 진정한 문학세계로 몰입할 수 있도록 이끌어 주신 스승님 그리고 최근에 만난 교직 전문가의 자질을 갖출 수 있도록 도와주고 인도하시려는 멘토이시다. 모두가 은혜롭고 소중한 인연들이다.

인생행로에서 어떤 사람을 만나느냐에 따라서 삶의 방향이 판이하게 달라질 수도 있는 만큼 사람을 만난다는 것은 얼마나 의미 있고 중요한 일이던가. 특히나 막막한 삶의 노정에서 진정한 멘토를 만난다는 것은 얼마나 경이로운 일일 것인가. 산다는 것은 만남의 연속선상이고 모두가 좋은 만남을 갖고싶어하며 좋은 만남으로 남기를 원할 것이다.

나 자신은 누군가에게 의미 있는 만남이 될 수 있을까? 누군가의 어떠한 목마름을 해소시켜줄 수 있는 진정한 멘토의 모습으로 소중한 만남을 선사할 수 있을까? 가을예감으로 한층 성숙해지는 늦여름 아침이다.

경남일보 2012년 8월 14일자

교사론

 진주성 숲속에 사는 호랑지빠귀, 휘파람새, 파랑새, 찌르레기 같은 새들이 유난한 아침인사로 미명의 새벽빛으로 서서히 깨어나는 도심을 흔들어 놓는다. 아침먹이 준비에 부산한 시간이다. 어떤 시인은 새들이 우는 이유를 '웃기 위해 우는 것'이라는 엉뚱한 대답을 하더니 이유가 어떻든 간에 울어야 할 때 소리 내어 울 줄 아는 녀석들이 기특하다는 생뚱한 생각이 드는 아침이다.

 옳고 그름을 무시하고 자신에게 닥칠 이해관계를 따져 불의 앞에서도 내면의 목소리를 드러낼 줄 모르는 사람들이 많아 보이는 세상에선 새들이 제각각 소리를 내는 것에조차도 의미부여가 되는 것 같다.

무엇이든지 좋은 게 좋다는 식으로 침묵하는 자세를 지키는 것이 미덕이 아님을, 알지 못하는 게 아니라 알고도 행하지 않는 사람들이 많은 조직 속에선 말을 꺼내는 자가 나쁜 사람이 되는 게 일쑤라 바보취급 받을 때도 있다. 그래서 점차 말 못하는 바보가 되어간다.

교사론에 보면 '교사는 옳지 않은 행동을 해서도 안 되지만 옳지 않은 행동을 보고 모른 척해서도 안 된다'는 말이 있다. 병폐에 찌든 사회 한구석을 개혁하는 선구자로서 나아가자는 말은 아니다. 은폐보다는 수정을 요구하는 시대의 조류를 보고 잘못된 행동을 두고 뒷구석에서 떠드는 것보다 나서서 바른 말을 하는 사람, 개인의 손익계산에 앞서 진언을 할 줄 아는 사람이 많아져야 병폐가 사라질 거라는 게 필자의 소견이다.

프랑스의 계몽사상가 루소(1712~1778)는 에밀(1762)에서 '만물은 조물주의 손에서 태어날 때는 모두 선하나 인간의 손에서 타락하여 악으로 변한다'는 성선설에 입각한 자연주의 교육을 주장하였다. 이러한 루소의 자연주의 교육을 새로운 합리적인 입장에서 수정 보완한 것이 칸트의 교육사상인데, 칸트는 '사람은 교육에 의해서만이 사람다운 사람이 될 수 있다'며 '인간은 교육을 받지 않으면 안 될 유일한 피조물'이라고 갈파했다. 루소의 자연주의에 도덕적 품성도야를 더한 사상으로 볼 수 있다. 성선설에 입각한 교육사상이든지 성악설에 입각한 교육사상이든지 인간은 교육을 통해 바람직한 인간상으로 이끌어줘야 하는 것이다.

하물며 이러한 교육의 주체인 교사는 어떤 인격을 갖춰야 하고 아이들의 동일시 모델이 되기 쉬운 선생님으로서 어떤 인간상을 보여줘야 할까? 미성숙자의 잠재적 가능성을 조성하고 인간의 정신생활을 상대로 하는 직업인 점과 사회봉사의 정신에 입각하여 사회발전과 향상을 위한 원동력의 역할을 해야 하는 교직의 특수성을 떠올리며 하루를 새로이 시작하고자 마음을 고쳐먹는다.

시원한 물줄기로 식물의 아침을 깨우러 옥상 텃밭으로 갔다. 공들여 키워 놓은 블루베리 열매를 그새 새들이 쪼아 먹었다. 열매가 익을 때를 귀신같이 알고 익자마자 잽싸게 나꿔 채가는 것을 보니 재주는 곰이 부리고 고기는 여우가 챙기는 구석진 곳의 면모가 떠올라 또 생각이 고인다.

이처럼 사념들이 고개를 치켜드는데 아무래도 지나치거나 모자람이 없으며 어느 쪽에도 치우치지 않는 '중용의 도'도 되새겨봐야겠다는 생각도 드는 이상한 아침이다.

경남일보 2012년 7월 10일자

아이 하나를 키우려면 온 동네 사람이 나서야

사회가 변하면 교육도 변하기 마련이다. 급격히 변화하는 정보기술의 발전에 맞춰 학생 욕구 및 사회적 변화에 맞는 수업방법 개선과 학생 인성변화에 따른 생활지도 개선을 위해 학생교육 형태의 새로운 모색이 활발하다. 이러한 현상은 시대의 흐름에 맞춘 학교교육의 패러다임 전환이 필요한 것이기 때문이다.

지금까지 학교라는 일정한 장소에서 모든 학생과 교사가 학습했던 표준화된 교육방식을 넘어서서 교육환경은 물론 교육내용, 방법, 평가 등이 학습자 중심 지능형 맞춤형 학습체제로 교육체제를 혁신하는 '스마트교육' 도입을 앞두고 있고, 단호한 '학교폭력 근절 정부종합대책'에 부응하여 각 학교에서는 유관단체와 함께 근본적인 폭력의 원인을 제거하기 위한 움직임 또한 부산하다.

경남교육청은 학교 부적응 학생이 학교 중도탈락으로 이어져 심각한 교육문제로 부상하자 학생들의 중도탈락과 학교폭력 예방을 위해 도내 전 학교에 대안교실인 '꿈키움교실'을 마련했다. '꿈키움교실'의 운영은 진로, 인성의 통합교육을 실시하여 자신의 꿈을 갖게 하고 다른 사람에 대한 배려와 이해능력을 기르게 하여 학교 중도탈락과 학교폭력 예방에 앞장서게 한다는 취지이다.

경남교육청에서 전국 최초로 '학생인권 교육교재'를 발간하여 인권교육의 필요성, 인권교육을 통한 학교폭력 예방과 치료, 학생인권과 교권의 조화를 위한 교사의 역할 등의 지침을 제시하였고, 규칙과 약속이 지켜지는 건전한 학교문화를 만들기 위한 학생생활 평점제인 '경남그린마일리지'제도도 도입 시행하고 있다.

올해는 또 교육복지 정책으로 '경남미래교육재단'이 출범되었고 일반 학생들과 같은 출발선상에 서지 못한 소외계층과 다문화가정 자녀들을 적극 지원하겠다는 의지를 보여 교육의 결과론적 평등론 입장에서 소외계층을 향한 희망의 메시지를 던져 사회를 밝힌다.

공학과 인문학, 기술과 예술을 하나로 융합시킨 스티브 잡스 같은 글로벌 융합인재가 국가 경쟁력을 좌우하기 때문에 다방면의 통합교육이 필요한 시대라 미국의 STEM교육에 우리는 Art까지도 포함시켜 STEAM 융합교육을 가동시켰다.

그동안 사회분위기에 따라 심하게 출렁여왔던 교육제도가 종합병원에서 재점검을 끝내고 새로운 변화의 길에 나섰다. 굳은 의지를 갖고 열정적으로 법적·제도적 장치를 마련하고 총체적인 혁신의 단계에 들어섰다. 미국의 미래학자 앨빈토플러는 '교육혁신이 미래의 모든 것을 좌우한다'고 피력한 바 있다. 더욱 바쁘게 돌아가는 교육현장 속에서 사회 근간에 깔린 불신으로 상하탱석(上下撑石·아랫돌 빼서 윗돌을 괸다) 대책이 나오지 않도록 긍정의 힘을 쏟아부어 줄 때이다.

'아이 하나를 키우려면 온 동네사람이 나서야 한다'는 아프리카 속담이 떠오른다. 오늘날의 학교폭력이나 부적응 학생의 속출을 어느 한쪽의 책임으로 돌릴 순 없다. 삶의 질을 한층 높여줄 주 5일제의 시행에 맞춰 지역사회와 학부모, 학교 모두 적극적으로 나서서 교육기부에 동참하며 지혜와 긍정의 힘을 모아 좋은 학교, 행복한 학교로 만들어 나가는 것이 이 시대의 절실한 요구이자 주어진 과제이다.

경남일보 2012년 6월 12일자

'학교폭력 근절'이 최우선 과제로 떠오른 시대

올해 최고의 뉴스는 '학교폭력'을 꼽는다. 학교폭력은 늘 해결방안을 모색하고 궁리해온 사안이지만, 문제없는 학교 만들기에 초점을 맞춰 주력하다 보니 다소 소극적으로 대처했던 것이 문제라고 볼 수 있다. 그런데 이제는 '학교폭력을 숨기지 말고 드러내자'는 정부의 학교폭력 근절의지에 의해 세상 밖으로 나와서 세간의 관심을 모으고 있다.

학교에서는 지난 3월 '학교폭력 추방의 날' 행사에 이어 지난 4월에는 학교폭력 예방교육 및 청소년비행 예방 '법교육 출장강연' 등을 마련해 학교폭력에 대한 경각심과 폭력 없는 안전하고 즐거운 학교를 만들기 위해 분주히 움직이고 있다. 경찰에서도 각종 캠페인과 글짓기 행사 등을 열며 학교폭력 뿌리잡기에 적극적으로 나서고 있다.

학교폭력을 '운동'으로 풀게 하자는 의견도 나오고, 미국처럼 어릴 때부터 '친사회 정서를 기르게 하자', '학교폭력을 줄이는 데는 시민성 교육이 필요하다'는 목소리들과 왕따가 사라지고 또래 관계가 좋아진다는 '분노조절 프로그램을 개발 적용'하는 논문이 대통령상을 받는 등 대책마련을 위해서 다양한 견해와 방법이 쏟아져 나오고 있다.

일본에서 영사를 지낸 어떤 교장은 '학교폭력, 왕따, 따돌림 등 대부분의 문제들은 민주시민을 기르는 초등학교에서의 기초교육만 제대로 이루어져도 해결될 수 있다'며 기본생활 교육에 충실해 남을 배려하는 것이 몸에 배도록 세밀하고 반복적으로 지도하는 일본의 기초교육을 벤치마킹해 우리도 적용할 필요가 있다고 부르짖는 데 다소 눈길이 머문다.

가끔 필자는 어린 시절의 교육행태를 요즘의 교육결과와 비교해보곤 한다. 하나의 예로, 뇌리 속 깊이 강요받았던 쓰레기 처리교육으로 인해 지금도 쓰레기를 버리지 않는 곳엔 휴지조각 하나도 버리질 못하고 흘려도 다시 주워 와야 할 정도로 강하게 인지돼 있는 나 자신을 발견하고 가끔 놀라기도 한다. '민주사회의 시민은 자유를 향유해야 하지만 그와 동시에 사회 공동생활에 필요한 훈련을 받아야 한다'는 '본

질주의 교육'을 찬양하자는 이야기는 아니다. 단지 교사들이 예전처럼 자발적이고 적극적으로 학생의 기초질서 지도에 나설 수 있도록 학교 선생님들을 믿고 존경하는 사회 분위기 조성이 필요하다는 이야기를 하고 싶은 것이다.

교단에서 작은 거인인 아이들의 세계를 접하며 간간이 1980년대 노벨문학상 수상작인 소설 '파리대왕'을 떠올린다. 무인도에 고립돼 야만 상태로 돌아간 소년들의 원시적 모험담을 통해 인간 내면에 잠재해 있는 권력과 힘에 대한 욕망을 우화적으로 그려낸 작품으로 아이들만 남겨진 상황에서 문명세계의 사회관습이 붕괴되고, 인간 본성에 잠재한 권력욕과 야만성이 드러나면서 섬이 지옥으로 변하는 상황을 보여준다. 제2차 세계대전을 겪은 작가가 인간 내면에 숨어 있는 인간의 사악함을 무인도에 불시착한 소년들의 행동양식을 통해 상징적으로 표현한 소설로 볼 수 있다.

인간 내면에 잠재해 있는 악이 사회생활의 근간이 될 학교생활 속에서 은근히 자리 잡고 활개를 치게 된 건 무엇의 결핍으로 인한 것일까. 어떠한 처방교육이 필요할까. 심각한 고민으로 밤잠을 설치게 하는 시대이다.

경남일보 2012년 5월 15일자

나누리 체험활동을 통한 창의·인성적인 인재 기르기

지난 토요일 아이들과 함께 아네모네와 양귀비를 심었다. 토요프로그램의 돌봄교실에 참여한 저학년 아이들에게 작은 화분 하나씩 들려서 학교 화단으로 데려갔다. 그동안 학교온실에서 쑥쑥 자라고 있던 상추와 식물들도 직접 보여주고 화분에 꽃을 심는 방법을 가르쳐 주었다. 아이들은 고개를 떨구기 시작한 화단의 동백꽃 무더기 아래에 옹기종기 모여앉아 꽃을 심을 준비를 하느라 신이 났다. 운동장에 둘러선 벚꽃과 배꽃들이 아이들의 재잘거림으로 더 환하게 깨어나는 것 같은 토요일이었다.

본교에서는 주5일 수업제 시행에 따른 토요프로그램으로 '토요스포츠데이'와 영어학습 그리고 체험교육의 장인 '토요

돌봄교실'을 운영하며 컴퓨터 기초와 심화반의 '토요방과후교실' 개강도 앞두고 있다. 토요프로그램에 참여하는 학생 수는 나날이 늘어간다. 스포츠 활동뿐 아니라 나만의 책 만들기, 천연비누 만들기, 샌드위치 만들기 등 체험활동 위주의 학습이라 반응이 뜨거운 것 같다. 토요프로그램이 잘 정착되는 분위기다.

본교는 올해 '나누리(Na-Nu-Ri) 체험활동을 통한 창의·인성적인 인재 기르기'라는 연구학교를 운영한다. 지역사회와 연계하여 창의·인성교육의 여건을 조성하고 지역·문화·사람이 하나되는 창의적 체험활동 프로그램을 운영하는 것이다. 지역사회의 인적·물적자원을 학교교육 과정과 연계시켜 다양한 체험학습 기회를 제공하려고 한다. 학교로 찾아오는 교육 기부 프로그램은 예술강사를 통한 국악수업, 무용수업 외에 풍선아트, 압화만들기, 시조창, 차사랑 예절교실, 이중언어교실 등의 장기프로그램과 인명구조견 체험, 학교폭력예방교육, 재난안전 교육체험, 찾아오는 상담실과 법률교실 등의 단기프로그램으로 나뉘어져 실시될 것이다.

섬진강 생태학습이나 농촌체험교실, 작가와 함께하는 이야기여행, 일일과학 체험교실 등의 형태로 학교로 찾아오기 힘든 교육기부 자원의 시설에는 직접 '찾아가는 교육기부 프로그램'을 운영하려고 한다. 창의적 체험자원지도(CRM)를 활용한 체험 프로그램으로 학년별로 협의된 지리산 역사관이나 삼성궁, 청학동 예절마을, 고소성지 방문학습도 연 2회 계획하고 있다. 이처럼 지역사회의 인적·물적 환경을 적극 활용하여 다양한 영역의 체험학습을 계획해 실시하고 학부모, 지역사회와 함께하는 창의·인성 페스티벌도 계획하는 등 시작단계부터 발걸음이 싱그럽고 분주하다.

 미래사회는 여러 가지 학문과 기술이 융합되어 새로운 지식과 가치를 창출할 것으로 전망되어져 현재 교육받는 학생들이 미래에 마주치게 될 다양한 기회와 도전에 대해 준비시키는 교육기회 제공이 필요하다. 지역사회가 가진 인적·물적 교육기부 자원을 활용한 단위학교의 특색 있는 체험학습 교육과정은 자기 주도적·창의적 학습능력 신장은 물론이고, 학교 교육력을 증대시켜 공교육의 내실화에 기여할 수 있으리라 생각된다. 그리고 무엇보다도 교육기부의 봉사와 나눔이 바탕에 깔려 있어 더불어 사는 인재를 기르는 창의·인성교육과 잘 부합될 것이라 믿어진다.

경남일보 2012년 4월 17일자